U0050997

大旗出版
BANNER PUBLISHING

大旗出版
BANNER PUBLISHING

天下麒麟榜

那些年的那些謀士們 3

《兩晉・大唐・兩宋篇》

前言

日本前首相吉田茂在《激盪的百年史》一書中曾說，中華民族「是東方最優秀的民族」。中華民族之所以優秀，不僅僅在於她勤勞、勇敢，而且在於她的智慧。這種智慧在歷代謀士身上得到了典型的體現。

這裡所說的謀士，不是指會耍點小聰明的人，而是指為上司出謀劃策、能謀善斷，成就了一番大事業的謀略家。本書所選取的都是歷代謀士中有代表性的人物。書中所述事蹟都有史實根據，沒有無中生有的編造。為了便於廣大讀者閱讀，本書一改學術論文式的寫作形式，力求通俗易懂，行文生動形象，不大段引用艱澀的古文，而在使用時譯為白話。書中儘可能少加注釋或不加注釋，對所據主要文獻在文後一併列出。

每篇都以時間為經，以人物事蹟為緯，既簡要交代出人物生活的大背景，又儘量突出謀士個人的活動。尤其是對於能影響事件進程的主要謀略多著筆墨，力求寫出其謀略的主要影響和特徵。

在一個競爭激烈的時代，謀略比知識顯得更重要。謀略和知識是有區別的：知識是對已經存在的事物的瞭解，謀略則是對尚未發生的事件的預測和判斷；講知識是為了求知，講謀略是為了致用。謀略是對知識的綜合運用，但又不完全受知識的制約，而更主要的是謀士個人的敏銳和隨機應變。從書中可以看出，有的謀士並不是學富五車的飽學之士，但卻往往能料事如神，出奇制勝。

中國自古以來就十分重視謀略，視謀略為國家興亡、事業成敗的關鍵。《孫子兵法》實際上就是講謀略的軍事教科書。書中提到：「上兵伐謀，其次伐交，其次伐兵。」這裡所說的「上兵伐謀」，就是要達到「不戰而屈人之兵」的目的，自然是「善之善者也」。有一句流行的俗語說：「狹路相逢勇者勝，勢均力敵謀者成。」這都強調了謀略的重要。

謀略與通常的道德觀念是格格不入的。道德觀念溫情脈脈，而謀略則顯得嚴酷和冷峻。這是因為，謀略面對的是敵對營壘，而不是親朋好友，所以總是「策劃於密室」，唯恐讓外人知道。從這個意義上來說，就是「陰謀」。洩謀歷來為兵家之大忌。但是，這裡所說的謀略，要比一般陰險小人的陰謀詭計高明和博大，而且面對的主要是敵對營壘，故能為大家所接受和欣賞，視之為制勝的必要手段。

中國歷史上存在著發達的謀略文化。它是中國大文化的一部分，文化蘊含十分深厚。看一下春秋戰國時期的歷史舞台就不難發現，活躍於舞台上的主要就是一些謀士。他們四處遊說，兜售自己富國強兵、克敵制勝的謀略，希求一用。當他們不能被任用時，就顯得悽悽惶惶、就苦惱、就「孤憤」。中國的謀略文化與西方的宗教文化不同，強調的是人事，是「治國安邦平天下」，強國富民。正因如此，一些謀略家對推動中國歷史的發展起到有益的作用。

謀士們都有幾個共同的特點。一是功利性，或稱之為實用性。他們設謀都是以利害為出發點，目標是奪取勝利。為了實現這種目標，他們對天、地、人及各種事物的考察都帶有功利化的色彩。二是競爭性。謀士最活躍的時期就是競爭最激烈的時期。為了進取，為了克敵制勝，謀士的謀略就閃爍起耀眼的光彩。三是靈活性，或稱之為隨機性。對於謀士來說，任何理論和經驗都只具有相對的、有限的意義。他們更主要的是依靠對形勢的瞭解和直覺，在錯綜複雜和瞬息萬變的情況下獻計獻策，以出奇制勝。四是保密性。謀士們都是密謀策劃，洩密就意味著失敗。

由於謀士個人接受的教育和信仰不同，其謀略也表現出不同的特色。例如，儒家以攻心為上，實際上就是將道德功利化。法家則較為嚴苛和冷酷，像吳起為了贏得魯國信任而「殺妻求將」，這在儒家士人中就難以找到。道家更講究以靜制動，以柔克剛。魏晉時期崇尚黃老，王導和謝安都持之以靜，緩和了南北士族和新舊士族之間的矛盾，使東晉政權獲得百餘年的安寧。信奉佛道學說的謀士不貪圖祿位，像李泌、劉秉忠和明代的姚廣孝，他們平時以皇帝的賓友自居，事急則前來獻謀，事成則遊於名山或退居寺觀，官位如同虛授。縱橫家的謀略則主要表現在遊說和辯難上，例如張儀、蘇秦即是其典型代表。

歷代謀士所表現出來的謀略和智慧，對中國社會產生了極其深刻的影響，成為中國人民文化生活的重要內容。不要說一般讀書人對他們的事蹟知之甚詳，即使目不識丁的鄉間老農，也能神采飛揚地說上幾段出奇制勝的智謀。像「明修棧道，暗度陳倉」、「聲東擊西」、「知彼知己，百戰不殆」等俗語，更是婦孺皆知。

今天，全國上下都在為實現現代化而奮鬥，市場經濟中所表現出來的競爭性越來越激烈，人們越來越了解到知識和人才的重要。歷代謀士為我們提供了巨大的智慧寶庫，人們至今仍可以從中得到有益的啟發和借鑑。我們同時希望，對於尊重知識、尊重人才社會風氣的形成，本書能起到某些積極的推動作用。

謀略可以治國安邦，但為心術不正者所利用也會禍國殃民。就謀士本人來看，也有缺點，也有失算的時候。有的謀士在功成名就之後變得昏昏然，結果自身不保，即是明證。如果一個人過分地倚重計謀，就會變得詭詐和自私，不利於維護社會正義和公平。謀略文化像其他的古代文化一樣，也存在著精華和糟粕。因此，今天我們在吸收其精華的同時，也應剔除其糟粕部分。正是出於這種考慮，書中所選都是對歷史進步或多或少有所貢獻的人物，而對那些雖有計謀但屬於奸邪之徒的人物則不予收錄。

本書收錄範圍上起先秦，下至近代，現代人物未收。在收錄時既考慮到人物的代表性，又考慮到時代性，即每一個大的朝代都有人入選。細心的讀者或許可以看出，受時代的影響，不同時代的謀士也表現出了不同的特色。

由於篇幅所限，有些頗為出名的謀士也沒有選入。有的謀士雖然很出名，但因事蹟太少，難以成篇，也未入選。對於書中入選的謀士，書中的分析和評述也難保十分準確和恰當。對此，尚祈讀者指正。

書稿成於多人之手，雖經主編反覆修訂，但行文風格仍不盡一致，請讀者見諒。本書最初由山東人民出版社於一九九七年出版，今經修訂，得以在遼寧人民出版社再版，我感到十分高興。其間，梁由之先生極力推薦，話語中充滿著對文化事業的執著和虔誠，令人感動。遼寧人民出版社的艾明秋女士精心籌劃，為本書的出版付出了大量的心血，謹在此一併致以誠摯的謝意。

晁中辰

目錄

博學多識「杜武庫」 奇計迭出滅孫吳

杜預傳

林紅

杜預（西元二二二年～西元二八四年），字元凱，京兆杜陵（今陝西省西安市南）人。魏文帝黃初三年（西元二二二年）出生於一個世代為官的家庭，晉太康五年（西元二八四年）去世。他是西晉著名的政治家、軍事家以及史學家，曾對西晉的鞏固和發展做出了重要的貢獻。

一、出身名門，少有大志

杜預所在的家族，自西漢以來便是全國少有的名門望族。祖父杜畿，是漢魏之際的名臣，魏文帝時官至尚書僕射，曾為曹操出謀劃策，整飭吏治，恢復農業生產，立下了汗馬功勞。父親杜恕，更是曹魏時期著名的謀臣，曾多次上疏陳述時弊，論議亢直，多所裨益，人稱直臣。魏明帝時官至幽州（治今北京市西南）刺史。

杜預自幼受家風的影響，頗有大志，又「博學多通，明於興廢之道」，對政治、經濟、軍事、曆法、律令、算術、工程均有研究和造詣。他常拿古人所說的三個不朽之業來勉勵自己，說「德不可以企及，立功立言可庶及也」。意即自己不敢企望創立德業，而只是期望能夠建樹功績，著書立說。但他在三十歲以前，卻仕途艱難，頗不得意，其主要原因是受父親的牽連。杜恕是一位比較正直的官員。魏齊王芳時（西元二四〇年～西元二五四年），司馬氏勢力顯赫，壟斷朝政，杜恕不僅不黨附司馬氏，而且在上書言天下選舉得失時抨擊選官趨炎附勢，不同意征辟司馬懿輕薄無行的第五弟司馬通為官，因而得罪了司馬懿。他出任幽州刺史時，又因小事得罪了司馬懿的黨羽程喜，被逮捕下獄，後又被發配到章武郡（治今河北黃驊市北）充軍，四年後便病死在那裡。父親的這種不幸遭遇，使杜預頗受牽連，「久不得調」。

然而，杜預畢竟是一個非同一般的人。他的家族又是一個不容忽視的家族，所以司馬懿司馬師父子死後，司馬昭當政時，不僅重新啟用了他，還讓他襲封了祖父杜畿的豐樂亭爵位，又把自己的妹妹高陸公主許配給杜預，讓他在府上當了一名參軍。

二、撰修《晉律》，功不可比

景元四年（西元二六三年），司馬昭派鍾會、鄧艾等將領率軍伐蜀，把杜預作為心腹派到鍾會手下當了一名長史。司馬昭這樣的安排看似對杜預極為有利，但怎知天有不測風雲，鍾會滅蜀後舉兵叛亂，先殺手中將官。杜預險些喪了命，幸賴他的計謀而脫險。

杜預從軍平蜀後回到京師洛陽，成為有功之臣，被增封邑一千一百五十戶。這時司馬昭正加緊準備代魏建晉事宜，他一面逼魏元帝曹奐封自己為晉王，另一面又讓人為他準備改朝換代的禮儀、官制、法律等典章制度。杜預作為朝中學識淵博的官員，也被編入修訂法律工作的人員之中，與賈充等人共訂律令。

杜預參與撰修《晉律》的工作，開始於魏元帝咸熙元年（西元二六四年）。為了配合司馬氏即將代魏，需要安定和收買人心，緩和各種矛盾，在撰修《晉律》時，杜預便向司馬昭提出清除過去法律「繁雜」的內容，以「寬簡」的原則來制定《晉律》，以達到減輕刑罰，收買人心，代魏建晉的目的。這個原則得到了司馬昭的同意，四年後，晉武帝泰始三年（西元二六七年），《晉律》的撰修宣告完成。

《晉律》以漢《九章律》為藍本，參考了《魏律》。在撰修《晉律》的過程中，杜預等人本著

「寬簡」的精神，對以往的舊律進行了大刀闊斧的刪革，它雖然比《魏律》多兩篇，共二十一篇，但條文卻只有六百二十條，兩萬七千六百五十七字，比漢魏律令大大減省了兩千條。與此同時，對法律的文句也作了大量的修改，比漢魏舊律更加通俗簡明。《晉律》大量減少了重罰的條文，如對婦女免除了連坐法，省去了漢末的禁錮之法等。這樣就有利於防止和減少犯罪，使統治集團中的人能支持司馬氏，從各方面來穩固其統治，加強地主階級專政。

杜預在撰修《晉律》的過程中，又對《晉律》逐條進行了註釋。完稿後向晉武帝上疏說：「法律是判斷人們是否遵守法度的準則，而不是窮究事物的道理，所以法律文字應當簡要，條例明確。斷罪條例從省，禁令也就簡化，律例簡明，人們也就容易知曉，就不易觸犯法令。而如果法律條文煩雜，文字艱深，就不會有此效果。古代的刑書所以要鑄造在鐘鼎和金石之上，正是為了杜絕異端淫巧，使天下盡人皆知的緣故。臣今日為《晉律》作注，正是要達到這個目的。」杜預的上疏正符合晉武帝統治的需要，於是司馬炎下詔，讓它和《晉律》一起頒行天下。

杜預在撰修和解釋《晉律》中所起的作用是別人所不能比擬的，正因為這個緣故，當時就有人把《晉律》稱為《杜律》。此後《隋書．刑法志》和《新唐書．藝文志》也都把《晉律》稱作《杜預律》。

修訂《晉律》的工作完成後，杜預出任河南尹（治今河南洛陽市東），又接受了晉武帝要他制訂王公百官進行考課的黜陟之法。這種對在職官吏的監督考評辦法，自西周以來各朝都有制訂，但都沒有認真執行過。杜預認為「上古時期，人們順應自然，虛心接受意見，以至誠之心待人，百姓便順服順從，心領神會，這樣就能治理好天下。到了中世，這種淳樸的民風漸漸消失，人事開始有了善惡美醜之分，這就必須設立官吏，頒行各種典章制度，才能治理天下。另外還要依靠賢哲作輔，使名位和功績相稱，賞罰要得當。要廣泛徵求意見，並採納臣下的建議。到了國政衰亂之世時，不能建立長治久安之制，就不得不求助於嚴刻苛細之法，不相信自己而相信別人，不相信別人而相信書簡。書簡越多，虛假便愈多；法令越多，乖巧便愈盛。過去漢代的刺史每年年終要向朝廷匯報當年的任職情況，官吏的勤惰清濁也由此而定。曹魏用京房的考課法，其制度不能說不嚴密周全，但由於太煩雜，有違考課本意，所以漢魏兩代都行不通。如果重申唐堯時考核官吏的辦法，力求簡明，則比較容易執行。儘量宣示萬物本性中所包含的『天理』，用精神領會、把握。這在於官吏本人，如果離開人而單單依靠法令，恐怕不會取得多好的效果。現在要想知道在職官員的優劣，最好的辦法是委任達官，各自考察自己所統屬的官員，每年選出優劣者各一人作為典型，以優者為楷模，以劣者為鑑戒。如此連續實行六年，然後再由主持者加以總結，將屢優者陞官晉職，屢劣者革職查辦，優多劣少者續用，劣多優少者降級。而現在的考課辦法卻不然，它難易不均，對優者要求過高，對劣者又過於寬大，不足以體現獎優懲劣的原則。如果一年一考課，積優以升陟，累劣而取黜，則是考察官吏的最好辦法。」他將自己的這一想法寫成奏章，上奏朝廷。因為這種考課黜陟之法簡便易行，並且賞罰分明，用人適度。晉武帝看後，覺得可行，於是下詔頒行天下。杜預的學識才智又一次得到發揮，並受到肯定。

三、出任度支尚書，造福黎民百姓

泰始六年（西元二七〇年），鮮卑族在隴右的勢力迅速強大起來。六月，禿髮（拓跋）部首領樹機能進攻隴右地區（今甘肅六盤山以西，黃河以東一帶）。這時晉武帝派遣司隸校尉石鑑為安西將軍，都督隴右諸軍事，以杜預為安西軍司，給兵三百人，騎百匹，以討伐樹機能。杜預到長安後，又被任命為秦州刺史，領東羌校尉。杜預剛到秦州，石鑑便讓他出擊樹機能。杜預考慮到當時正是鮮卑人的氣焰囂張之時，便向石鑑獻計說：「現在正是秋高草肥季節，鮮卑人兵強馬壯，又屢戰屢勝，士氣高昂；而官軍則是遠道而來，供應不繼，如果貿然出擊，必定勞而無功。不如先全力儲運糧草，等到來年春天，鮮卑馬困人乏之時，再出擊，定能一舉成功。」而且還上書石鑑，提出「五不可，四不須」等，堅決反對立即出兵。杜預的這一謀略頗有眼光，切實可行，但卻遭到石鑑的反對，加上二人本來就有矛盾，於是石鑑誣告杜預遷延時日，不聽調遣，擅自盜用軍資修建城門官舍。朝廷對此未經核實，便輕易地將杜預逮捕下獄。後來因為杜預是晉武帝的姑父，在皇親國戚的「八議」之列，才沒有被處死，而是以削除侯爵贖罪。

石鑑不聽杜預的建議，一意孤行，貿然對樹機能發動了攻擊，結果被樹機能戰敗，而他卻虛報戰功，最後落了個被免職的下場。隴右軍事形勢的發展，正如當初杜預所預料的，「隴右之事卒如預策」。

隴右軍事形勢的發展，使朝廷深知杜預善於籌劃。第二年正月，秦隴戰事未了，北部邊境又告吃緊，匈奴右賢王劉猛在并州（今山西太原市南）、河東（今山西夏縣東北）、平陽（今山西臨汾縣西南）等地起兵反晉。於是朝廷再次起用杜預，讓他在朝中以散侯的身份出謀劃策。不久，朝廷因四方戰事頻繁，國家財政困難，又讓杜預出任負責全國財政工作的度支尚書一職。

杜預出任度支尚書後，開始對全國的農業、手工業和財政收支進行治理。他首先從發展農業入手，向朝廷建議請立籍田。他認為國家的大事在於祭祀和農業，所以古代聖王無不躬耕於田畝，將收穫的農作物獻給宗廟祭祀，以此訓導天下，起表率作用。但近世以來，皇帝親耕變成了一種儀式，空有效法古人之名，而沒有供祀訓農之實。況且每行此典，百官車馬相從，造成不少浪費。所以他建議把籍田的面積擴大，把典禮變為實際行動，讓皇帝和百官都參加耕作，親自體驗耕作的艱難。這樣，農業生產便會提升上去，糧食生產和國庫收入相應也會增加。他的建議提出後，被晉武帝很快採納，並下令在洛陽城東建立籍田，面積千畝，晉武帝和王公大臣定期下田中耕作，從此，農業生產得到了應有的重視。

國家對農業生產的重視，再加上制定租調等一些刺激農民積極性措施的推行，農業生產得到了恢復和發展，糧食產量不斷增加，出現了連年的大豐收。但由於與之相應的手工業發展相對緩慢，再加上貨幣不足，就出現了穀賤布貴的問題，十分不利於農業生產的繼續發展。杜預除提高穀價外，還建議朝廷效法古代的做法，在主要農產區設立常平倉。即封建政府為穩定糧價，備荒賑濟而設置的糧倉。由政府委派官吏經營，穀賤時糴進，貴時賣出，以達到平抑物價的目的。杜預還提出各種「內以利國外以救邊者五十餘條」，如在水陸衝要地設關卡向販運食鹽的商人徵稅；政府向農家成年男女必須耕作的畝數以及人口數徵收戶口稅，等等。這些建議都被晉武帝採納，對於促進生產發展產生了極大的作用。

杜預在任度支尚書期間，還對與農業生產有密切關係的曆法進行改革。他認為「天象星體運行不息，日月星辰都是按照一定的規律運動的物體。天長日久，難免就會出現一些差錯，這是很自然的道理。春秋時太陽有時月月都蝕，有時多年不蝕一次，正是因為曆法不準確的緣故。曆法剛推行時，可能有小小的不準確，不易使人覺察，但年深日久，積少成多，差錯就會越來越大，不能不加以糾正」。他從這一觀點出發，深感現行曆法與天文現象不合，於是便和當時的天文學家李修、卜顯一起，重新推算曆法，編成《二元乾度曆》上奏朝廷。它與舊曆法相比，其優點多達四十餘處，因此很快被推廣實行，對農業生產起著積極的指導作用。

杜預在任度支尚書期間，還奏請朝廷在黃河上架橋，以方便官民往來。他認為黃河孟津渡口水流湍急，每有國家應急大事需要在此渡河時，險象環生，常有翻船的危險，造成生命財產不應有的損失，不如在這裡建造一座跨河大橋，對官員都有方便。但是這一合理的建議，卻遭到官員的反對。他們認為，洛陽是殷周以來的大都會，歷代聖賢都沒有在河上架過橋，必然有他們不架橋的道理。現在應該效法古人，不可貿然行事。針對這種墨守成規的觀點，杜預反駁道：「殷周聖賢沒有在河上架橋的說法是毫無根據的。《詩經》中有『造舟為梁』的詩句，就是製造船隻，將其連環固定在河面上，架木成浮橋，以渡渭水。這就說明殷周聖賢曾在黃河上架過橋。」他的建議後來得到晉武帝的默許。杜預親自負責在孟津建造一座跨河大橋，橋成之日，晉武帝與王公百官同去視察，並為他舉行了慶功宴會。宴會上，晉武帝舉杯祝賀說：「要是沒有您，也就沒有今天的橋。」杜預則謙虛地說：「沒有陛下的神武聖明，我也沒有顯露這些雕蟲小技的機會。」一句話，說得晉武帝非常高興。

杜預任度支尚書期間，還曾有過不少創造發明。他曾根據古書記載，製作了不少仿商周的文物製品。其中就有許多是失落於漢魏之際但曾被秦漢諸帝視為主室的祭祀仿製品，個個精美異常，巧奪天工，達到了以假亂真的地步，他把這些仿製品獻給晉武帝後，「帝甚嘉嘆焉」。另外，杜預還發明了連機水碓，就是利用水力帶動好幾個碓同時舂米，從而節省了人力，增加了工作效率。

杜預在任度支尚書的八年（西元二七一年～西元二七八年）中，多次獻計建安邊之策，論處軍國之要，校鹽運、制課調，獻計獻策達五十餘條，並且都被採納實施，取得了顯著的效果。由於他奇謀不斷，妙計不絕，對當時的各項工作起到了補偏救弊、損益萬機的作用，朝野無不稱美，人稱「杜武庫」，意思就是杜預的謀略就像貯藏器物的倉庫一樣，無所不有。

四、奇計迭出，終成滅吳大計

隨著西晉政權的日益強盛，滅吳戰爭便提上議事日程。其實，早在滅蜀之前，司馬氏便有滅吳的打算。魏元帝景元三年（西元二六二年），司馬昭便提出了先平定巴蜀，三年之後順流而下，水陸並進，實現滅吳的戰略設想。爾後，伴隨著司馬氏政權的鞏固，晉政權便加緊籌劃滅吳。杜預典掌財政收支，深知其意，也竭力贊成滅吳。在當時的大臣中，與杜預持相同觀點的還有羊祜、張華。其中羊祜資歷最深，又有軍事才能，晉武帝曾採納羊祜的建議，在邊境地區實行分化瓦解吳軍的政策，還極力整飭軍備，屯田興治，訓練了一支「舟楫之盛，自古未有」的水軍隊伍。後來，羊祜病重，便推薦力主伐吳的杜預繼任他的工作。咸寧四年（西元二七八年）羊祜病故，晉武帝任命杜預為鎮南大將軍，都督荊州諸軍事，鎮守襄陽。此時，他傑出的軍事才能得到了充分的發揮。

杜預受命上任後，駐軍於襄陽。一上任便修治鎧甲兵器，振奮士兵士氣，選拔精銳部隊，以迅雷不及掩耳之勢，出其不意地偷襲西陵（今湖北宜昌市），一舉成功，杜預因功增封邑三百六十五戶。西陵都督張政是孫吳名將，在毫無準備，猝不及防的情況下，被杜預打得大敗，一大批將士被俘，張政害怕吳主孫皓會嚴加責罪，損害自己的聲譽，所以不敢把敗績如實上報，竭力封鎖消息，把失敗的真相隱瞞起來。杜預得知這一消息後，便施行反間計，特意派人把所俘獲的孫吳將士及其兵甲全部押送到吳國首都建鄴（今江蘇省南京市），歸給孫皓，讓吳國朝野上下都知道張政被打敗的消息。孫皓果然對張政隱瞞軍情一事大發雷霆，很快把張政從西陵調回內地，革職查辦，另派武昌監劉憲前去鎮守西陵。這時離西晉大舉滅吳的日期已經很近，孫吳調換邊將，不僅中了杜預的離間之計，而且違犯了兵法上所說的臨戰易將的大忌，吳國出現了傾搖動盪的局面。

杜預在輕而易舉地搬掉了滅吳道路上的攔路石後，認為滅吳的時機已經成熟，於是上疏朝廷，請求出兵伐吳。這時，晉武帝雖然雄心勃勃，早有滅吳之心，但是他的滅吳計畫卻受到以太尉賈充等為首的保守派官員的反對和阻撓，所以對於杜預的上疏伐吳，仍是「待明年方欲大舉」。

杜預便在上疏中鼓勵晉武帝說：「自今年閏七月以來，吳國多次下令戒嚴，說是要加強西部防守，只是增加了夏口（今湖北武漢市）以東的防禦力量，而沒有從國都抽調更多的兵力去加強上游的防務，由此推斷，孫皓已計窮力竭，長江下游和上游不能兩相保全。吳軍在戰略上必然只保下游，以苟延殘喘，而無法抽調兵力充實上游，這樣會使國都空虛。陛下想在完全有把握的情況下再出兵，這種考慮是不必要的。我們不妨現在就出兵，如果勝了，則天下統一；敗了，也不過是鍛鍊一下國力，為什麼不能試一試呢？如果現在失去了這個機會，說不定以後就很難了。陛下現在應讓我們這些大臣各守邊界，然後齊頭並進，東西同舉，這是萬全之策，完全不必有任何顧慮。」

奏章上報十餘日，不見動靜，他於是第二次上書說：「羊祜生前只是把滅吳的想法說與陛下一個人知道，而沒有向朝中百官言明，所以今天大臣多持異議。就利害相比而言，現在出兵滅吳，有利因素占十之八九，所剩的十之一二也未必是不利因素，只不過不是那麼明顯罷了。現在朝中不少官員反對滅吳，不過是因為滅吳之計不是他們提出的，一旦滅了吳國，他們得不到任何好處，還要落個沒有先見之明的埋怨，所以他們反對出兵滅吳。近來朝中無論大事小事總要爭論不休，不過是那些自認為受陛下信任的人妄生異端罷了。自今年秋季以來，本朝出兵滅吳的跡象不斷顯露，如果不乘機而動，孫皓害怕滅亡而想出別的辦法來，或者把國都遷到武昌（今湖北鄂城），然後再嚴加防務，修固城池，堅壁清野，疏散百姓，到那時我們攻城不下，又無給養可以補充，困難會比現在大得多。」

杜預的這封奏本送到宮中時，恰好晉武帝與張華在下棋。晉武帝看完杜預的上疏已心有所動。這時張華推開棋盤，對晉武帝說：「陛下聖明神武，朝野清晏，國富民強，號令如一，吳主荒淫驕奢，誅殺賢能，當今討之，可不勞而定。」就這樣，經過杜預和張華的說服，晉武帝終於下定了滅吳的決心。

晉武帝咸寧五年（西元二七九年）十一月，司馬炎採取羊祜生前的主張以及杜預上疏中提出的「隨界分進」的戰略計畫，發兵二十萬，兵分六路向東吳發動了全面進攻。一路自下邳（今江蘇邳州市西南）指向涂中（今安徽滁河流域）；一路自揚州（今安徽壽縣）指向江西（今安徽和縣一帶）；一路自豫州（今河南許昌東南）指向武昌；一路自荊州指向夏口；一路自巴、蜀（今四川舊蜀國地）順江直取建業；杜預則親自率領一路自襄陽（今湖北襄樊市）南下江陵（今湖北江陵），爾後順江南下，全面展開了滅吳的統一戰爭。

杜預針對吳國邊將已經出現的各自為守，無心戀戰的形勢，大膽地採取了攻敵要害的方針。太康元年（西元二八〇年）正月出兵江陵。江陵，是東吳荊州治所，位於長江北岸，是吳國溝通上游建平郡與下游江夏郡相互往來的必經之地。它與長江南岸的樂鄉（今湖北江陵西南）一水相隔，同為控制長江水面的重鎮。樂鄉、江陵有失，就斷絕了上游宜都、西陵、秭歸、建平吳軍的退路，以及江夏守軍西進之路，造成對吳軍整個西部防線的威脅。當時，江陵由伍延駐守，樂鄉由孫歆駐守。

杜預兵圍江陵的行動，牽動了整個上游的吳軍，杜預命參軍樊顯、襄陽太守周奇等人率眾沿江西上，一路上以破竹之勢，克西陵，陣斬吳都督劉憲；破荊門（西陵門）、夷道（今湖北宜都），誅殺吳夷道監軍陸晏等等，翦除了江陵以西的沿江據點。但是江陵對岸的樂鄉仍為孫歆所據，樂鄉位於江陵的上游，拔江陵不足以制樂鄉，而拔樂鄉則徹底孤立了江陵。所以，杜預在攻取上游諸城以後，便把兵鋒指向了樂鄉。然而，樂鄉面長江，背巴蜀，吳軍防守較為嚴密，北岸又有江陵吳軍隔水呼應，因此，攻打樂鄉只能計取，而不能強攻。

杜預採取了奇襲戰法，他派管定、周旨、伍巢等人率奇兵八百，利用夜色掩護，偷渡長江。在樂鄉一帶的沿江各要地，到處張旗樹幟，又派兵一支迂迴樂鄉側後的巴山一帶遍燃烽火，造成大軍已經渡過長江的聲勢。吳軍守將孫歆果然中計，聞之喪膽，在給江陵守將伍延的報告中說：「北軍諸軍，怕不是飛過長江的吧！」吳軍倉促迎戰晉軍，被杜預打得一敗塗地，一萬多人投降晉軍。這時候，上游王濬所部水軍也已進抵樂鄉。孫歆不得不出城與王濬交戰，周旨、伍巢等則趁機埋伏在樂鄉城外。孫歆出戰不利，大敗而歸。周旨、伍巢等則隨其潰軍進入樂鄉城內，入城後，他們趁敵混亂之勢，直入孫歆軍營，孫歆還未弄清是怎麼回事時，已經作了晉軍的俘虜。杜預未傷一兵一卒，便攻下了樂鄉。因為杜預足智多謀，出奇制勝，軍中將士無不歎服，紛紛稱讚他說：「以計代戰一當萬。」

上游沿江城鎮的平定，樂鄉的拔取，使地處江北的江陵吳軍陷入進退失據的孤立境地。二月十七日，杜預命令南北各軍會攻江陵城。堅守江陵的吳軍都督伍延假意投降，而把精兵埋伏在城樓上的矮牆內，企圖等晉軍入城時再襲殺晉軍。杜預不為所騙，也不揭穿他的陰謀，指揮軍隊繼續攻城，不久城破，伍延被殺。晉軍占領了長江上游最重要的城市江陵，杜預軍威大振，長江以南的荊、湘、交、廣諸州的守兵望風而降，紛紛送來印綬，杜預均派人加以安撫。這次戰役，共俘斬吳軍都督、監軍以上的軍官十四人，牙門、郡守一級的官員一百二十餘人，其他人員不可勝計。從此，晉軍完全控制了長江上游。

長江上游平定以後，杜預便與各路統帥共商滅吳大計。這時，有人認為東吳「百年之寇，未可盡克，現在暑期將近，大雨將降，疾疫必起，應當偃旗息鼓，班師回朝，等到來年冬天再戰。」這種反對進軍的意見如果占了上風，滅吳統一的戰爭必定會半途而廢，功虧一簣。所以杜預針鋒相對，立即上書朝廷說：「過去樂毅在濟水西部一戰中大敗強齊，今天晉軍雄威已振，勢如破竹，數節之後，其餘各節都迎刃而解了。願陛下審時度勢，一鼓作氣，消滅東吳。」晉武帝認為杜預的話很有道理，就下令繼續進軍。

據史書記載，杜預在此之後，並沒有直接參加進攻建鄴的軍事行動，而是遵照二月二十八日司馬炎調整的戰略部署，繼續率隊南下，鎮撫零陵（郡治在今湖南零陵）、杜陽（郡治在今湖南郴縣）、衡陽（郡治在今湖南湘潭西）等諸郡。這樣，進軍建鄴的任務便落到王浚頭上了，但杜預作為足智多謀、料敵制勝的統帥，仍為王浚出謀劃策。當王浚擁舟東下，直指建鄴途中時，晉武帝又命王浚聽從安東將軍王渾的節度。王渾坐鎮江北，也不準備渡江去消滅東吳軍隊。如果王浚聽從王渾的指揮，只能延誤軍事，坐失滅吳良機。於是杜預便寫信向他獻計說：「將軍已經攻破東吳的西部邊防，便應當順流而下直取建鄴，去征伐幾代的叛逆，拯救吳人脫離水火。」就是要王浚乘勢迅速東下，直取建鄴。杜預要王浚東下，正是抓住了一個良好的進攻時機，當時吳主孫皓已指令吳軍主力三萬，由建鄴渡江逆戰，忙於北面陸路應付，放鬆了水上防禦。吳軍一意顧北，建鄴一帶守衛已成空虛，所以杜預的這一主張，實為是彌補王渾被動局面，乘虛輕取建鄴的正確方案。

王浚接到杜預的書札，認為言之有理，即揮師東下。杜預還分兵一萬人給王浚，以增強其進攻的力量。晉武帝太康元年（西元二八〇年）三月十四日，王浚水陸兩軍進抵牛渚（今安徽當涂西北），「兵甲滿江，旌旗燭天，威勢甚盛」。這一行動痛指吳軍防禦薄弱之處。吳軍沒想到晉軍會突然進攻，措手不及，孫皓派游擊將軍張象率舟師萬人，西向抵禦，但士兵都望旗而降，後來雖然勉強拼湊兩萬來人，但未及出發就逃散了。王浚指揮水師艦船，迅速東下，次日，便浩浩蕩蕩進至建鄴。吳主孫皓見戰局無望，被迫到王浚軍門請降。孫吳至此滅亡，西晉實現了全國的統一。

由於杜預多謀善斷，在整個伐吳過程中的關鍵時刻，他都發揮了舉足輕重的作用，使戰爭得以順利進行。他的軍事才能使朝野上下無不歎服，也使吳人聞之喪膽。相傳他進攻江陵時，孫吳將士懼怕他足智多謀，聽說他脖子上長了一個肉瘤，便在狗脖子上繫一個葫蘆，故意氣他。凡是長有疙瘩的樹，都刮去樹皮，在樹疙瘩上寫著「杜預頸」三個大字，可見吳人是多麼怕他，恨他。平吳之後，晉武帝論功行賞，杜預被封為當陽縣侯，食邑九千六百戶，賜絹八千匹，另外還封他的兒子杜耽為亭侯，食邑千戶。

五、治理荊州，功垂後世

在滅吳過程中，杜預不僅表現了出色的軍事指揮才能，而且還表現出驚人的治理州郡的本領。晉武帝便決意讓他繼續駐留荊州，並把治理這裡的重任交給了他。這樣的安排，對杜預來說，並不理想，他曾多次上書陳述自己家中世代都是文職官員，請求回京師擔任一名普通的文官；但都沒有被批准。因此，他只好安心留下來，試著做一些地方官員的工作，沒想到他做得很出色。

西晉滅吳之後，將荊州的管轄範圍擴大到長江以南的廣大地區，孫吳時期的宜都、武陵、長沙、衡陽、湘東、零陵、桂陽、武昌等郡，現在都歸屬了荊州。所以如何治理荊州，尤其是新歸屬的那些郡縣，便成了當務之急。杜預居安思危，他認為大敵雖平，仍會有不少軍事行動，不能存在任何僥倖心理，以免遭受不應有的損失。他除了繼續練兵講武，保證社會安定外，還在從州到郡縣的各級地區層層設立學校，用儒家正統思想和王化政策，去感化教育他們，使他們循規蹈矩，馴服地聽從西晉的統治。

荊州是著名的水鄉，境內既有長江、漢水等名川大河，又有洞庭湖等重要湖泊，江河湖澤，星羅棋布。但自東漢後期以來，由於長年的動盪和戰亂，這裡的水利設施大都遭到破壞，每遇大雨，水患成災，極大地威脅著當地居民的生命和財產的安全。針對這一突出的問題，杜預在安定社會秩序的同時，又開展了興修水利的工作。在當時的南陽郡（今河南南陽市）一帶，有湍、淯二水流經這裡，匯入漢水。西漢名臣邵信臣在這裡任太守時，曾大興水利，灌溉農田萬餘頃；東漢南陽太守杜詩，又在這裡修沼陂塘，製造水排，發展冶鐵生產，鑄造農具，使這裡的人民殷實富裕。當時人們曾稱他們二人是「邵父」、「杜母」。杜預來到這裡後，重新考察邵信臣和杜詩興修水利的遺蹟，開挖溝渠，疏通淤積的河道，修復邵、杜水利工程的遺蹟，引湍、淯等水灌溉農田萬餘頃。為了防止民間水利糾紛，他又認真勘定地界，樹立界石，作為永久性的標誌，很快使南陽地區的農業生產得到了發展，豐收後的鄉民十分感激杜預的恩德，把他稱為「杜父」。

荊州境內水源豐富，水上交通十分發達，荊州首府襄陽又是重要的商埠，南來北往的船隻絡繹不絕。但在杜預治理之前，只有從襄陽到江陵之間的一段水域可以通航。襄陽以北的水路已經淤塞，南面的洞庭湖又積水過多，水流不暢，杜預讓當地人民把漢水和揚水的匯合處揚口控寬加大，同時對夏水河道加以疏濬，使這裡到巴陵的千餘里水道都可通航。這樣既能瀉長江之水，又消除了洞庭湖積水過多的弊端，使襄陽到零陵郡、桂陽郡的漕運暢通無阻，收到了一舉多得的功效。當時南土鄉民歌頌他道：「後世無叛由杜翁，孰識智名與勇功。」意思是說南土人民世世代代再也不背叛朝廷了，這都是杜預的智慧和勇功啊。

杜預不僅是一位出色的地方父母官，而且他還為後人留下了許多寶貴的書籍。他博學多才，專心研究儒家的經典著作，尤其是對《左傳》的研究非常精闢透澈，達到了人所不及的境界。在當時的大臣中，王濟懂得相馬，又善解馬性；和嶠喜歡聚斂，家資豐厚，但又十分吝嗇。杜預譏諷他們一個有馬癖，一個有錢癖。晉武帝聽說後，問杜預有什麼嗜好，他回答道：「臣有《左傳》癖。」毫不諱言，他把研究《左傳》當成一個癖好。正因為他對《左傳》有深入研究，直到今天，他的《春秋左氏經傳集解》仍然是《左傳》注釋本中最好的一種。難怪西晉人摯虞說：「當年左丘明作《左傳》，本是為《春秋》作注的，但因為此書能自成一家，後來便單獨成書。杜公的《春秋左氏經傳集解》是因《左傳》而作，但所解釋的又豈止是《左傳》本身，超出的東西實在是太多太多，將來也一定能與《左傳》齊名。」除此之外，杜預還作《盟會圖》、《春秋長歷》，「備成一家之學，比老乃成」。

太康五年（西元二八四年），晉武帝終於滿足了杜預回京任一文官的願望，調他回京擔任司隸校尉一職。可是當他從襄陽啟程，渡過漢水，剛行至鄧縣（今河南鄧州市）時便力不能支，與世長辭了，時年六十三歲。消息傳到京師後，晉武帝和文武百官無不為他悲痛惋惜。晉武帝下詔追贈他為征南大將軍，開府儀同三司，賜謚為「成」，寄託對他的哀思。

杜預在臨死前，用他淵博的學識和智謀為子孫們留下長篇遺言，安排自己的後事。他在遺言中寫道：「上古時不實行合葬，意思是表明死生的道理，因為人不能同生同死，所以不必埋在一起。西周初年周公提倡合葬，大概是要借合葬之機來垂示、宣教夫婦應始終如一的道理。從此以後，分葬、合葬都在流行。人世間的事尚且不能盡知，哪裡還能懂得神鬼之事呢？所以人們都可根據自己的意願選擇一種安葬方式。我過去擔任尚書郎的時候，曾因公事路過密縣邢山（今河南新鄭西南），看到山上有古墓一座，就向當地人打聽，知道是鄭國大夫子產的冢墓，於是就帶著同行的人前去拜祭。這座墓建在山頂之上，由此向四周望去，視野極為開闊。墓地呈南北稍偏東北走向，指向新鄭城中，似乎在表示死後不忘國家之意。墓道後半部堅實，前半部敞開，好像向人們說明墓中沒有什麼珍寶，不必盜墓取材，此山出產美玉，但墓的主人修墓時僅用山下洧水邊的河卵石，用意顯然不想勞民傷財。後世的正人君子到此來憑弔他以寄託哀思，貪利的小人到此也無利可圖，所以此墓雖歷千載，歲月滄桑，卻依然完好無損。這正是墓主人當年崇尚節儉，深謀遠慮的結果。我去年入朝京師時，因夫人去世，根據大臣之家死後要陪陵的制度，已上表在洛陽城東北首陽山南選了一片墓地。所選的墓地是一座小山，高度雖不能與邢山相比，但它東與帝陵相近，西可瞻望洛陽宮闕，南有伊、洛兩水，北可望見伯夷、叔齊墓地，是埋葬我理想的地方。在那裡略加營建，使之粗具規模即可。到我死後，建墓就用洛水邊的普通卵石，開墓道向西南，墓葬形式以鄭大夫子產墓為標準。至於棺槨之類的事情，也要與墓相適應，一切以節儉為原則。」

杜預的靈柩運往洛陽後，子孫們按照他的遺言行事，把他安葬在事先選定的首陽山南墓地中。由於當地人知道墓中沒有珍寶，所以一直無人盜墓。

本文主要資料來源：《晉書》卷三四，〈杜預傳〉；《晉書》卷三六，〈張華傳〉。

王導傳

姚建

今山東臨沂在魏晉之際屬琅琊國。當時這地方出了一家王姓的大門閥世族，人稱琅琊王氏。這一家族自魏晉時期開始興起，東晉時達到鼎盛，綿延至南朝，一直維持了幾百年而門戶不倒。其家族成員見諸《晉書》、南朝宋齊梁陳四史以及《世說新語》等書的不下百餘人，可謂盛極一時。王導，這位為東晉的建立與鞏固出謀劃策、功勛卓著的一代名相，就是其中最為傑出的代表。王氏家族也正因王導才達到其權勢的頂峰。

一、擁立東晉

王導（西元二七六年～西元三三九年）字茂弘。王導的祖父王覽，官至光祿大夫；父親王裁，任鎮軍司馬。王覽的哥哥王祥是歷史上有名的大孝子。二十四孝中王祥臥冰的故事幾乎家喻戶曉，婦孺皆知。這個王祥就是王導的叔祖父。曹魏文帝時，年近六十歲的王祥才出來做官。他官運亨通，魏末已官拜司空、太尉，封侯，西晉初年再拜太保，晉爵為公。泰始四年（西元二六八年）死去，活了八十九歲。王祥族孫王衍累任至司空、司徒、太尉，是西晉王朝中數一數二的重臣。但實際上王衍並沒有什麼建樹，不過是亂世一廢物耳。王覽雖然沒有哥哥王祥那樣顯赫，但是後來振興王氏門戶的卻是王覽這一支。這一支最著名的人物就是王導。他出生在這樣一個世家大族中，並最終將這個家族的聲望推到了頂峰。

王導在少年時代就很有膽識。陳留高士張公曾對王導的從兄王敦（王覽次子王基之子）說：「這個小孩子容貌氣質不凡，有將相的才器。」王導生性比較厚道。當時晉朝朝廷腐敗，群臣生活競相豪侈。石崇、王愷鬥富的故事成為歷史上奢侈的典型。有一次，石崇請客，讓美人勸酒，客人不飲，便殺勸酒美人。勸酒勸到王導，王導本不能飲，但是擔心美人被殺，就勉強痛飲，幾至於醉。勸到王敦，王敦就故意不飲，有意看石崇殺人玩。王導勸他不要這樣做，王敦卻不以為然，說：「石崇殺他自家的婢女，與我們有何相干！」由此可以看出二人性格上的差別。西晉末年，王導為司空劉實所知，被任為東閣祭酒，繼為祕書郎、太子舍人。

琅琊國原是司馬懿的曾孫司馬睿的封國，與司馬越的東海國相鄰。王導平素與琅琊王司馬睿關係友善，常相接納。司馬睿的祖父司馬伷、父親司馬覲都不曾建立大的功業，且又是遠支旁屬，因而在皇室中的地位並不顯要。司馬越選擇了司馬睿做自己的幫手，先用為輔國將軍，又擢為平東將軍、監徐州諸軍事，留守下邳（今江蘇省睢寧縣西北），為他看管後方。司馬睿受命後，請王導為司馬，委以重任。西晉「八王之亂」時，最後掌握實權的東海王司馬越看到北方局勢惡化，便策劃在江南留下退路，以圖維持殘破局面。在這種形勢下，永嘉元年（西元三〇七年）七月，司馬越通過晉懷帝任命司馬睿為安東將軍、督江南諸軍事，進駐建鄴（今江蘇省南京市）。王導隨之南渡，任安東司馬，成為司馬睿最親近的謀士，軍謀密策，無不參與。這是司馬睿、王導同鎮下邳兩年以後的事。不久，又署司馬睿督揚、江、湘、交、廣五州諸軍事，成為江南地區最高統治者。

西晉建興四年（西元三一六年），長安陷落，維持了五十二年的西晉王朝滅亡。第二年，王導等人聯合南北士族，擁立司馬睿稱帝，是為晉元帝，建立東晉政權，定都建鄴。西晉最後一個皇帝愍帝名鄴，為避諱，把建鄴改成了建康。因建康在洛陽以東，故稱東晉。王導以擁立之功，官居宰輔，總攬元帝、明帝、成帝三朝國政，權傾朝野，東晉初期的大政方針皆出其手。王導的從兄王敦都督江、揚、荊、湘、交、廣六州軍事，擁兵重鎮，控制長江上游；王氏家族子弟大都在朝廷上居官。當時社會上流傳著一句話，說是「王與馬，共天下」。馬即司馬氏的簡稱，一個「共」字說明了王氏家族的顯赫。

二、綏撫新舊

東晉王朝初建，既面臨著「天下喪亂，九州分裂」的外部形勢，又處於「天下凋敝，國用不足」、南北門閥世族權力分配等矛盾之中。內外矛盾使東晉王朝的命運有兩種前途：一是領導集團像西晉時那樣繼續腐敗下去，無法緩和內部矛盾，使政局混亂，失去對外的抵禦能力，導致政權傾覆，戰火延及長江流域和南方地區，經濟文化遭破壞，人民被塗炭；二是統治集團特別是主要執政者，能總結歷史經驗，制定穩定政局的政策，緩和內部矛盾，抵抗外部的進攻，保衛南方經濟文化。王導以遠見卓識和非凡才略，選擇了後者。王導既是北方大族首領，又是東晉首輔，他從顧及東晉政權的整體利益，維護東晉政權統治出發，靈活地制定統治政策，以適應東晉多虞的政局。他在政治上的主要措施，首先是「綏撫新舊」，也就是注意協調新來的北方士族與舊居的南方士族之間的矛盾。

東晉建國之前，北方發生了八王混戰，匈奴等族起兵反西晉，黃河流域陷入一片混亂。北方大族與流民紛紛渡江南下，躲避戰亂，史稱「洛京傾覆，中州士女避亂江左者十六七」。對於這些北方流亡士族，王導勸晉元帝司馬睿選其優者予以重用。晉元帝接受了這個建議，選取北方名士百餘人為掾屬，稱為「百六掾」，使南渡貴族在政治上很快有了立身之地。當時著名的有：前潁川太守刁協為軍咨祭酒，前東海太守王承、廣陵相卞壺為從事中郎，前江寧令諸葛恢、歷陽參軍陳頵為行參軍，前太守庾亮為西曹掾等。由於東晉朝廷初建，既少兵又乏糧，勢單力弱，因而不少名士在開始的時候，對東晉的前途很是懷疑和悲觀。例如，桓彝初過江時，見朝廷微弱，十分擔心，便對周顗說：「我因為中原多戰亂，才想到江南尋找一個安身立命之地，不料朝廷如此微弱，這可怎麼辦才好呢？」於是整日悶悶不樂。後來他見到王導，王導與他縱論國事，他的態度有了很大變化。他從王導那兒回來後便又對周顗說：「我見到了『管仲』，不再憂慮了！」在這裡，他將王導與輔助齊桓公成霸業的管仲相比，足見王導自有過人之處。過江的名士，每有閒暇便相邀到長江邊一個亭子上飲宴。有一次，周顗觸景生情，嘆氣說：「風景同樣美麗，可是舉目只看見長江，卻看不見黃河了！」在座的諸名士聽了都痛哭起來。王導正色勸道：「大家正應該出力輔助王室，恢復中原，何至於像『楚囚』一樣相對而泣！」諸名士都認為言之有理，停止了哭泣，並表示要為恢復中原盡力。王導的措施與方略，給這些流亡士族吃了「定心丸」，使他們有了信心和活力，並使政局逐漸趨於穩定。

早在孫吳時期，江南大族勢力就很強大，時人稱之為「僮僕成軍，閉門為市」。西晉滅吳以後，南方士族遭到排擠，仕進困難，因而意見很大。江南大族看不起北方遷來的人，輕蔑地稱他們為「傖夫」，意即粗鄙的人。王導曾向南方士族陸玩請婚，以圖緩和南北士族之間的矛盾。陸玩卻推辭說：「小山丘上長不了大樹，香草臭草不能放在一起，我不能開亂倫的先例。」在當時那種情形下，王導想在原吳國境內建立起以北方士族為骨幹的東晉王朝，那麼聯絡南方士族，取得他們的支持便極為關鍵。司馬睿初到建鄴時，南方的世家大族根本沒有把他放在眼中。過了很長時間，南方大族中的頭面人物竟沒有一個人來拜見。王導意識到這個問題的嚴重性，就對王敦說：「琅琊王仁德雖厚，但名望尚輕。你的威風已振，應該對他有所匡助。」王導謀劃了一計。按當地民俗，每年三月初三上巳日是傳統的禊節，官民都要到水濱河畔去洗浴，據說這樣可以洗去身心宿垢，求福除災。於是這年三月初三這天，在王導的精心安排下，司馬睿乘坐著華麗的轎子，擺出威武莊嚴的儀仗，親自去水濱觀禊。簇擁恭從在轎子後面的隊伍，為首的便是北方世家名士王導和王敦。威嚴龐大的隊伍，立即驚動了很多人。紀瞻、顧榮等江南大族的代表人物，都暗暗在道旁窺看。他們看見王敦、王導都這樣恭謹，大為吃驚，感到司馬睿一定是北方大族擁戴出來的江東之主，不得不刮目相看。於是他們相率拜於道旁。王導這一招，使司馬睿的威望大大提高。他趁此機會對司馬睿勸諫說：「古來想要成就霸業的聖明之君，沒有不禮敬故老，虛心求教，以招納俊賢的。何況當今天下紛亂，大業草創，更加需要人才！顧榮、賀循是南方士族中有名望的人，如果把這兩個人招納來了，其他的人自然都會跟著來報效。」司馬睿認為很有道理，就派王導親自登門拜訪顧榮、賀循二人，請他們出來做官。江南大族在西晉滅亡後，北方有胡人政權的強大壓力，南方有流民暴動，他們認為要穩定江南的統治，必須與北方大族聯合，建立起一個能代表南北士族共同利益的新政權，因而顧榮、賀循及江南大族也就靠攏了司馬睿，應命出仕。顧、賀二人被分別任命為軍司馬和吳國內史。有一次司馬睿對顧榮傷感地說：「寄人國土，時常懷慚。」顧榮跪對道：「王者以天下為家，殷商從耿遷亳，東周由鎬及洛，古來皆如此，願陛下勿以遷都為念。」從君臣二人的這一問答中可以知道，雙方已經具備了某些合作的默契。從此，南方士族歸附，成為東晉政權的重要統治基礎。東晉政權有了南方士族的支持，也就在江南站穩了腳跟。

但是，南北士族之間由於積怨已深，他們的矛盾也並非一朝一夕便可解決。北方的士族雖是流亡之輩，但多居顯位；而南方士族，如賀循後任太常，紀瞻官居侍中，只是徒具虛名，並無實權，這難免使他們產生怨言。王導為了籠絡南方士族，便常常學說吳語。以說洛陽話為正統的北方士族，曾譏諷他沒有什麼特長，只會說些吳語罷了。豈不知，王導作為北方士族首領，他這樣做是出於策略考慮，這有利於消除與南方士族的隔閡。在江南望族中，一種為文化上的士族，另一種為手握武力的強宗。前者較易籠絡，後者則不易馴服。義興郡（今江蘇省宜興縣）周玘就是江南最大的武力強宗之一。他因為受到北方名士的侮辱，準備起兵殺諸執政者，以南士代替北士。但陰謀敗露，憂憤而死。死前他囑咐其子周勰說：「我是被那些傖夫氣死的，你要為我報仇，才是我的兒子！」周勰秉承父志，謀劃發兵殺死王導等人。他先是假稱奉其叔父從事中郎周札之命，聚眾數千人。但周札聞知後，堅決不同意周勰這樣做。周勰於是憂懼不敢發難。但周勰族兄周續聚眾響應。司馬睿準備發兵征討，王導分析了形勢獻計說：「發兵太少則不足以平定亂寇，發兵太多則朝廷空虛。周續的族弟周莚，有忠有義有勇有謀，足可以除掉周續。」周莚被派去後，果然如王導所料用計殺掉了周續。事情平定之後，朝廷又聽從王導建議，任命周札為吳興太守，周莚為太子右衛率，對周勰則因周氏豪盛強大，未敢窮追，撫之如舊。這就是說，王導為了爭取化解南北士族之間的矛盾，爭取他們之間的相對平衡，基本上採取了寬容和忍讓的態度，並取得了一定的成功。

王導調解南北士族的矛盾，爭取相對平衡的關鍵，還在於有效地調解他們在經濟利益方面的矛盾。南方各級士族，自然就是各級地主，其中強宗大族，如吳郡顧氏、義興郡周氏等，都是擁有大批部曲的大地主。王導不允許北方士族侵犯他們的利益。與此同時，為了管理大量流入南方的流民，保護北方士族的利益，王導又實行了「僑寄法」，即在南方士族勢力較弱的地區，設立僑州、僑郡、僑縣。例如，僑置州有司、豫、兗、徐、青、並等六州，僑郡、僑縣的數目就更多了。這種僑州、郡、縣大都在丹陽、晉陵、廣陵等縣境內，形勢上有利於保衛建康。在名義上是安置北方逃來的士族和民眾，實際上則是讓北方士族在僑居地內繼續剝削和奴役逃亡民眾，逼迫他們當奴隸或佃客，為自己創立新產業。「僑人」不入當地戶籍，享有免除一定賦役的優待。並且僑州、郡、縣有大量的各級文武官吏，這就當然成為北方流亡士族的政治出路。僑寄法雖然在一定程度上加重了人民的負擔，但對於東晉政權來說，卻從政治、經濟方面都照顧了北方士族的利益，成為緩和南北士族矛盾的重要措施。同時，對於一些地廣人稀、貧瘠荒涼的地區，也起了一定的開墾荒地、發展經濟的作用。

三、清靜為政

王導在政治上的另一項重要措施是清靜為政。東晉是以北方大族為主體、南北大族聯合的政權，內部矛盾十分複雜，皇權與大族的矛盾，南北大族之間的矛盾，普通士人與大族之間的矛盾錯綜複雜，彼此由於各自的利害關係，展開了明爭暗鬥。面對這種複雜的情況，作為執政者只有盡力維持各種力量之間的均勢，調和矛盾，緩和矛盾，維護政局的穩定，此即王導所說的「鎮之以靜，群情自安」。這在當時是唯一可行的做法，既需智慧，也需謀略。

「鎮之以靜」，最主要的表現就是「維繫倫紀，義固君臣」，也就是堅決維護司馬氏為首的現政權。這首先就是調解以王氏為首的士族勢力與皇權勢力的矛盾。

由於王導在東晉政權建立過程中所起的奠定基石的重要作用，司馬睿稱王導為「仲父」，並把他比作漢朝的「蕭何」，極為倚重。大興元年（西元三一八年），晉元帝司馬睿登基稱帝接受百官朝賀時，再三請王導同坐御床接受朝拜。作為一個開國皇帝，要請一個大臣同坐受賀，這是史無前例的。王導堅辭，說：「如果太陽與天下萬物相同，那麼老百姓怎麼能得到陽光的照耀呢？」在這裡王導以「太陽」和「天下萬物」來比喻司馬睿與自己的關係，由此可見王導認定自己與司馬氏的君臣名份是不可更改的。王導這樣做，進一步贏得了司馬睿的信任，也顯示了王導的自知之明。

晉元帝初到江南時，對王導兄弟言聽計從，事事推誠倚用。等到做了皇帝，地位漸漸穩固，就開始懼怕王氏權重，擔心成為自己的威脅，於是便想削弱王氏權力。他引用北方二流大族劉隗、刁協等人為心腹，授劉隗為御史中丞兼侍中，刁協為尚書令，以牽制王導。王導雖被冷落，但他仍能保持常態，淡然處之，不予計較。這說明他胸有城府，不失政治家的風度。但王敦是一介武夫，野心很大，自以為擁兵上游，受不了這口氣。他一再上疏指責司馬睿，為王導鳴不平。但晉元帝總是不聽，反而更加信任劉隗、刁協。他採納劉隗的建議，於太興四年（西元三二一年），以南方士族戴淵為征西將軍，都督司、兗、豫、並、冀、雍六州諸軍事；以劉隗為鎮北將軍，都督青、徐、幽、平四州諸軍事。從名義上看，這是為了北討胡寇石勒，但明眼人一看便知，這是為了對付王敦。王敦心裡自然更清楚，這是在削弱自己的兵權。他終於先下手為強，以誅劉隗、刁協，替王導鳴冤為藉口，於永昌元年（西元三二二年）正月從武昌起兵，順流而下，攻入都城建康。戴淵、周顗、刁協被殺，劉隗逃走投降了石勒。王導認為佞臣小人擾亂朝綱，並不反對王敦來「清君側」，但當這些小人被殺逐，王敦要進一步篡奪皇位時，王導便表示堅決反對，並出面維護皇室。原先早在東都洛陽覆沒、四方勸進的時候，王敦便欲乘機專斷國政，但恐怕晉元帝年長難制，便想更議所立。因王導不從，只得作罷。等到此時王敦攻入建康，對王導說：「早時不聽我言，幾乎導致全族被滅。」但王導始終不為所動，堅持維護晉室，勸他返回。王敦無奈，只好很快退回武昌。王導從大局出發，再次維護了東晉王朝的統治，從而避免了一場更大規模的戰亂。

太寧元年（西元三二三年），晉元帝病死，晉明帝司馬紹繼位，王導輔政，任司徒。第二年，明帝下令討伐移鎮姑蘇（今安徽當涂）的王敦，致使王敦再次叛亂。王導站在維護皇權的立場上再次堅決反對。這時王敦病重，不能親自率領軍隊。其兄王含乃為元帥，以水陸軍五萬陳兵江寧南岸。王導寫信給王含說：「你今天這番舉動，恰似王敦當年所為。但如今形勢已完全不同：那年是因為有佞臣亂朝，人心不定，就是我自己也想外離以求自保；可是今天，先帝雖然去世，但還有遺愛在民。當今聖主天縱聰明，並無失德之處。如果你們妄萌逆念，反叛朝廷，作為人臣，誰不憤慨？」並堅決表示「寧為忠臣而死，不為無賴而生」。與此同時，王導積極部署兵力進行抵抗。王導經過分析認為，王敦久握兵權，兵精將廣，硬拚肯定不是其對手，只有用計謀取勝。他聽說王敦病重，便心生一計：親率王氏子弟為王敦發喪，將士們以為王敦真的死了，士氣大振。一個月黑星淡的夜晚，王導命將軍段秀、中軍司馬曹渾率甲兵千餘渡江偷襲，王含毫無準備，被殺得大敗。王敦聞報以後，氣急敗壞地大罵王含：「這個老匹夫，壞了我的大事！」不久便病死軍中。王敦無子，以王含之子王應為嗣。後軍敗，王含父子西奔荊州，被王含從弟荊州刺史王舒沉殺於長江。王敦本有大功於東晉，卻因謀反而死。王敦的失敗，在於打破了東晉的權力結構，改變了門閥世族間力量的相對平衡。東晉王朝是靠維持這種權力結構和各個大族間力量相對平衡來求得安寧的。誰破壞了這種結構和平衡，誰就會成為眾矢之的。王敦不懂得這個道理，所以他失敗了；王導深知平衡之術，以「鎮之以靜」來維持穩定局勢，所以被譽為「一代名相」。王敦之亂平定後，王導以保衛皇權有功，進封始興郡公，進位太保，司徒如故，並可劍履上殿，入朝不趨，贊拜不名，極受優禮。王導的從弟王彬為度支尚書，王彬之子王彪官至尚書令，久任不衰。琅琊王氏仍然是當時最大的名門望族。

太寧三年（西元三二五年），晉明帝病死，幼主司馬衍繼位，是為晉成帝。王導與外戚庾亮共同輔政。後歷陽（今安徽和縣）內史蘇峻又自淮南舉兵攻入都城，被荊州刺史陶侃和江州刺史溫嶠聯軍消滅，收復建康。王導自始至終都堅定地支持維護司馬氏政權。

在處理東晉統治集團與廣大民眾之間的矛盾方面，王導的清靜為政思想也取得了很大的成功。應當指出的是，這種做法實際上是犧牲老百姓的利益，滿足大族的利益要求，以求得統治局面的穩定。東晉不但繼續實行「九品中正制」，而且進一步確立了王導提出的「選賢不出士族，用法不及權貴」的政治準則，公開宣布大族可以不受法律的約束。例如，東晉初年，豪強大族搶劫倉米一萬斛，朝廷不去追究，卻只以處死管糧倉的小吏來塞責。王導任揚州刺史時，派出屬官到本州各郡考察。考察官回來都紛紛向王導報告郡太守的得失，只有顧榮的族子顧和一句話也不說。王導問他聽到了些什麼事？顧和回答說：「你是國家首輔，應該讓吞舟的大魚也能漏出網去，又何必計較地方官的好壞？」王導聞後連聲稱讚他說得對，其他人都自悔失言。統治階級的政策，有寬嚴之分、弛張之別。史家稱寬、弛為「網漏」、「網疏」；嚴、張則為「網密」，意在視民為淵中之魚。根據秦亡漢興的歷史經驗，王導實行了較緩和的「網漏」政策。王導的這種寬政作風，當時就毀譽互有。

如陳頵就曾致信王導說：「西晉之所以傾覆的原因，在於用人不當，重虛名不重實用，看門第不看真才，政事敗壞，不可救藥。現在應該改變舊習，嚴明賞罰，選拔賢能，共謀中興。」可是王導並不聽從他的勸告，只是聽任參佐避事自逸，清談不輟，而且把屢發正論的陳頵貶出去當郡太守。晉明帝死後，王導和庾亮同受遺詔，共輔幼主。當時庾亮因望重而出鎮於外。有人曾向王導進讒，說庾亮可能會舉兵內向，勸他密為之防。王導說：「他若來了，我就『角巾還第』，有什麼可以害怕的呢？」表現出他的恬淡無為，忍讓寬容。但實際上庾亮的排擠讓王導生了不少悶氣，對庾亮心中也很不服氣，曾罵庾亮是「塵汙人」。王導本人對人們批評他為治過寬也很不同意。他晚年曾說：「人家都說我糊塗，將來一定會有人想念我這糊塗的。」的確，東晉就是靠這種糊塗來求安寧的。王導死後，庾冰代相，變動了政策，史稱「網密刑峻」、「頗任威刑」。結果是王導得眾，而庾冰失眾，受人唾罵。政策的好壞，要結合當時的形勢進行評價。國學大師陳寅恪先生曾對王導作出評價說：「王導自言『後人當思此憒憒』實有深意。江左之所以能立國歷五朝之久，內安外攘者，即由於此。」這是很有見地的。實際上王導並不昏聵，他只是裝作糊塗罷了，不計較小事。這是他的一種策略，藉以來維持東晉的安定。歷史事實表明，他的這種做法獲得了相當的成功。

總之，王導這位老練的政治家，以其「綏撫新舊」、「清靜為政」的措施調和了東晉初年各種矛盾，但也助長了士族門閥制度的興盛。應當看到，這些措施的施行是以黃老「無為而治」思想為理論基礎的。魏晉之際，玄學之風大盛，成為當時的主要哲學思潮。所謂玄學，本出自《老子》一書的「玄之又玄，眾妙之門」一語。當時一些士人面對嚴酷的社會現實，在儒學獨尊地位動搖的情況下，開始擺脫傳統儒家學說，轉而弘揚老莊之學。這種思潮對王導的影響是很大的。因此，他的為政措施中也深深體現出這種影響。東晉政權是中國歷史上在江南出現的第一個正統的政權。它的建立，有利於抵禦北方少數民族政權的南侵；有利於組織和發展南方經濟；有利於漢族文化的保存和發展。解放後在廣州河南敦和鄉客村曾發現一晉墓，其磚銘上有一首民謠讚道：

永嘉世，天下災。但江南，皆康平。
永嘉世，九州空。余吳土，盛且豐。
永嘉世，九州荒。余廣州，平且康。

這說明自東晉至陳亡的三百餘年間，南方經濟上升，社會穩定，文化的發展更是遠遠超過了北方。因此，東晉王朝的建立在歷史上是有積極作用的。對此，幫助創立並鞏固東晉政權的王導功不可沒。

王導不僅是東晉的開國元勛，而且是著名的書法家。他善草、隸，「潤色前范，遺芳後世」，為中國書法藝術的普及和發展也做出了很大貢獻。

本文主要資料來源：《晉書》卷六五，〈王導傳〉；卷九八，〈王敦傳〉。

多智謀戀情山水　弈棋間破敵百萬

謝安傳

劉家峰／姚建

朱雀橋邊野草花，烏衣巷口夕陽斜。
舊時王謝堂前燕，飛入尋常百姓家。

唐代大詩人劉禹錫這首膾炙人口的《烏衣巷》，將人們的思緒帶回了一千五百多年前的東晉古都建康（今南京市）。烏衣巷在南京秦淮河南岸，當時王氏和以謝安為代表的謝氏家族同居此地，繁華興盛一時。據文獻記載，當年秦淮河上朱雀橋頭那座安置著銅雀的橋樓，便為謝安所建。謝安一生隱逸和出仕大致各有二十年的光景。隱時是風流名士，仕時是輔國重臣。他既縱情於山水之間，又在國家危難之際運籌帷幄。淝水一戰，名揚天下。李白曾賦詩稱讚他：「但用東山謝安石，為君談笑靖胡沙。」那麼，就讓我們來看一下謝安這位東晉「賴之以晏安」的社稷之臣，演繹了怎樣一段智慧的故事吧！

一、東山養望

謝安（西元三二〇年～西元三八五年），字安石，出身當時有名的陳郡陽夏（今河南省太康）士族名門。謝氏一族於西晉末年南遷，和臨沂王氏並稱「王謝」，同列大族之首。謝安家族中很多人在東晉朝廷中做高官，其父謝裒任太常卿，流寓江南；從兄謝尚，官至尚書僕射、鎮西將軍、豫州刺史；兄謝奕、弟謝萬都官至顯位。

謝安自幼聰穎而且有膽識。他四歲時，譙郡（今安徽西北亳縣、蒙城一帶）的桓彝看見他，讚歎道：「這個孩子風度神情秀逸明徹，將來一定不亞於王東海。」王東海即王承，字安期，曾為東海太守，在東晉初年聲譽很高，史稱「渡江名臣王導、衛玠、周顗、庾亮之徒皆出其下，為中興第一」。拿幼時的謝安與王承相比，是極高的讚譽。謝安多才多藝，寫一手好字，彈一手好琴，還喜歡唱歌和舞蹈。魏晉士族崇尚清談，善清談者方得為真名士。過江名士更是以玄言相扇，形成清談的又一個高潮。少年時期的謝安，神情深沉，思路敏捷，風度翩翩，氣宇軒昂，頗負這方面的聲望。他二十歲時，有一次到當時的清談領袖之一王濛那裡拜訪，兩人高談闊論了一夜。王濛是晉哀帝王皇后之父，清望極高。謝安走後，王濛的兒子王修說：「剛才那個客人比父親大人您怎麼樣？」王濛說：「這個客人勤勉不倦，將來一定會趕上我的。」東晉開國元勛王導也非常器重他。因此，謝安漸漸享有了重名，成為在江東成長起來的新一代名士領袖，仰慕他的人甚多。有一次，他的一個被罷了縣令官職的同鄉人來拜訪他。謝安問他還鄉還有沒有路費和安家的費用。他回答說：「除了五萬把蒲葵扇以外別無積蓄。」於是，謝安從中隨意選了一把中等的扇子，經常拿在手中。這樣一來，京城裡的士人們都跟著爭相購買，價格一下子上漲了幾倍。這位落魄士子不僅解了燃眉之急，而且乘機發了一筆小財，心裡自然十分感激謝安。謝安鼻子有點小毛病，加上說話帶有濃重的北方鄉音，因而讀書時音調混濁。這本是缺點，但名士們很喜愛他的這種吟詠，並且給這種聲音起了一個雅稱：洛下書生詠。只是人們發不出他那樣的聲音，只好用手捏住鼻子來模仿。由此可以看出，謝安在士林中的聲望是何等之高。

謝安雖然出身於名門望族，但是並沒有憑藉自己的門第去獵取高官厚祿。最初的時候，他曾被徵召進司徒府，並授予佐著作郎的職務。他以自己體弱多病為理由推辭掉了。從此，謝安便隱居在會稽郡（今浙江錢塘江以東地區）的東山，和王羲之、高陽的許詢以及和尚支遁等人交遊相處，出門則釣魚射鳥，縱情山水；在家則清談作詩，撰寫文章，以清高自許，無意於官場。他曾經到臨安（今浙江富春江以北，天目山脈東南地區）的山裡去，坐在石室中，面對著深幽的山谷，想起遠古輕辭王位的隱者伯夷，悠然長吟道：「此情此境，與伯夷相比能相差幾何呢！」東晉穆帝永和九年（西元三五三年）農曆三月三日，謝安、謝萬、孫綽等名士共四十一人，會於會稽山陰之蘭亭，曲水流觴，宴遊雅會。眾人成詩一卷，王羲之於卷首揮毫作序，此即流傳千古的《蘭亭集序》，成為中國書法之瑰寶。謝安曾經和孫綽等人揚帆出海遊玩，興致正高時，突然風暴來臨。波濤洶湧，小船顛簸得很厲害，隨時都可能傾覆。大家都十分驚慌，嚇得臉色都變了。唯有謝安卻仍然高聲長吟，顯得十分沉著自然。船伕看到謝安如此若無其事，自己似乎也馬上有了信心，其他人也鎮靜下來，於是就繼續向前航行。風越來越急，船顛得也越來越厲害，謝安這才緩緩地說：「這樣咱們將回哪裡去呢？」船伕聽到他的話，馬上就調轉了船頭。大家都十分佩服他寬廣豁達的氣度。謝安熱衷於清談玄學，對當時流行的「清談誤國」論很不以為然，公然為清談回護開脫，認為西晉的滅亡，其罪不在清談。有一次，謝安和王羲之一同登上建康的冶城城樓，舉目四望，見天水蒼茫，不禁悠然思古，大有遠離塵世之意。王羲之雖然也是風流名士，但很務實，旁敲側擊地對謝安說：「夏禹盡力於王事，手和腳都長了老繭；周文王日理萬機，總是很晚才吃飯，每天都沒有空閒。現在國家正是多事之秋，我們就應當多考慮怎樣為國家效力。若是盡搞些不切實際的清談，寫些浮華的詩句，不僅於事無補，而且恐怕也與當前形勢不合。」謝安回答說：「秦朝任用商鞅，可是到秦二世就亡國了，這難道也是清談導致的禍患嗎？」

謝安越是不肯出山，他在士林中的名聲也就越高。而當時東晉仍然和西晉那樣，喜歡用名聲高的人做官。因此，朝廷仍然三番五次地敦請他出山。揚州刺史庾冰因為謝安名聲很大，一心要把他招致到自己門下，屢次命人敦促謝安上路。因為庾冰是皇帝的親戚，謝安不得已只好前往。他只在揚州住了一個多月，就找了個藉口回家了。隨後，朝廷又授他為尚書郎，他也一概謝絕。後來，吏部尚書范汪推薦謝安為吏部郎。吏部是主管人才選拔和官員升遷的部門，吏部郎是吏部尚書手下最有實權的官職，是個肥缺。然而謝安仍不為所動，寫了一封回信，陳述自己不能勝任和隱遁不仕的決心。謝安一而再，再而三地不服從徵召，無視朝廷權貴們的旨意，引起了很多人的不滿。御史中丞周閔為此上奏皇帝說：「謝安被徵召，但是一再不應。應該按抗命罪禁錮終身，永遠不再錄用。」因為謝安在士林中聲望高，所以朝廷未治他的罪。

謝安雖然把自己的感情都寄託於高山大川，但是每次出外遊玩，都一定要有歌妓跟隨。他雖多次被徵召而不應召，但當時的在朝宰相司馬昱（即以後的簡文帝）卻說：「謝安石既然能與別人共同享樂，必然能與別人共擔憂慮。如果誠心召他，他一定會出山的。」當時謝安的弟弟謝萬是西中郎將，身居掌握藩郡重任的顯要位置。謝安雖然隱居，但名望卻比謝萬高。在當時士大夫中流傳著一句話：「謝安不出山，叫天下百姓怎麼辦！」這是因為許多人瞭解他的器質和才能，所以就流傳開這麼一句期望他出山的話。謝安不出山，一方面是因為他過著恬靜、舒心的生活，另一方面則是因為他對政局有著清醒的認識：謝家許多人在朝廷上高居顯位，謝氏門戶還沒有衰敗的跡象，少了他一個謝安也沒什麼。謝安的妻子是當時大名士劉惔的妹妹，她看見謝家許多人都在為國效力，而謝安卻獨自隱退靜居，就對謝安說：「大丈夫不應該像你這樣無所事事。」謝安聽了，掩著鼻子說：「做官恐怕是免不了的罷。」這說明，謝安在屢辭征辟的同時，已在觀察政局，並隨時準備出山。

就這樣，謝安在東山盤桓了近二十年，直到他四十多歲時，形勢發生了變化，他才不得不步入了仕途。這二十年是他養望的過程。養望就是要使自己的名聲、威望越來越高。這二十年的養望，為他造就了巨大的聲望，客觀上為出仕創造了條件。這也許不是謝安東山隱遁的本意吧。

二、智鬥桓溫

東晉政權偏安江左，內外矛盾不斷加劇。在內部，司馬氏皇權經常受到長江中上游荊州、江州一帶軍閥割據勢力的覬覦。當時，桓氏家族的軍政勢力遍布長江中上游，權臣桓溫有意篡權，東晉政權面臨極大危機。在外部，苻堅統治的前秦在逐個消滅北方各割據勢力的同時，不斷把矛頭指向東晉。這種局勢的變化將謝氏集團推向了歷史的前台。此時謝氏家族的遭遇也已不再允許謝安留戀山水：其兄謝奕、從兄謝尚先後去世；其弟謝萬奉命北伐，打了敗仗，被廢為庶人；謝氏家道面臨中落的危險。謝氏家族需要有一個新的人物來支撐局面。謝安終於出仕了。因為他長期隱居在會稽東山，人們稱之為「東山再起」。以後這便成了一個人們常用的成語。

東晉哀帝昇平四年（西元三六〇年），征西大將軍桓溫請謝安做軍中司馬。這對謝安不能不說是一種犧牲，一種妥協。桓溫長年帶兵在外，戰功卓著，而且很有野心，一心想做皇帝。謝安不敢與之發生直接衝突，只能小心翼翼地運用謀略，與之周旋。謝安從會稽出發，過建康，準備沿江上溯到桓溫駐地江陵。朝中大臣都前來相送，一直送到新亭（今南京市南）。中丞高崧跟他開玩笑說：「你多次違背朝廷的旨意，隱居在東山。人們都說『安石不肯出，將如蒼生何』。現在你出山了，老百姓將會怎麼看你呢！」謝安聽了露出十分慚愧的樣子，但很快裝作無所謂，一笑置之。桓溫見到謝安後非常高興，與他交談了很長時間。謝安告辭出去，桓溫望著他的背影，問左右的人說：「你們看見我有過這樣優秀的客人嗎？」後來有一次桓溫到謝安那裡去，正好碰上謝安正在梳理頭髮。謝安是個慢性子，過了很長時間才把頭髮梳理完。侍從見此情景，忙想通知謝安，要他快出來。桓溫卻勸阻說：「等司馬戴好頭巾和帽子再說吧。」連對立集團的首領桓溫也對他如此器重，可見謝安在江南士大夫中的確有極高的聲望。

昇平五年（西元三六一年），謝萬因病去世了。謝安趁機從桓溫幕府中辭官回家，為其弟理喪。就這樣，謝安巧妙地擺脫了桓溫的控制。不久，朝廷任命謝安為吳興太守。東晉簡文帝咸安元年（西元三七一年），謝安被調回京師，徵拜為侍中，直接為東晉小朝廷服務。從這一年謝安真正登上政治舞台，一直到太元十年（西元三八五年）共十五年中，謝安迅速升到了輔政的地位，即由侍中、吏部尚書、總中書，直升到司徒、太保、太傅並都督十五州諸軍事，謝氏家族也由此達到其權勢的頂峰。謝安的活動，關係著東晉王朝的安危和門閥統治的興衰。謝安成為繼王導之後又一位為東晉謀安寧的社稷之臣。

咸安元年是東晉王朝關鍵的一年。權臣桓溫本欲借北伐立功，以提高威信，然後篡位。但結果枋頭一戰，大敗而歸，威信反而下降。桓溫自感已到花甲之年，故聽從心腹謀士、參軍郗超的勸說，於這一年把在位的司馬奕廢為海西公，另立司馬昱為帝，是為簡文帝，並大肆誅殺異己。這一活動使不穩定的政局發展到了極為嚴重的程度。不僅百官震慄，而且簡文帝也怕自己被廢，常詠庾闡的詩句：「志士痛朝危，忠臣哀主辱。」桓溫從此奠定了自己在朝廷牢固的權威地位，形成了「政由桓氏，祭則寡人」的權力格局。在這種情況下，謝安採取了避開桓氏鋒芒而韜晦自處的策略。有一次謝安遇到桓溫趕忙下跪，桓溫故作驚訝地問道：「安石何故如此？」謝安答道：「連皇帝都得下拜，我一個臣子敢不拜嗎？」謝安曾與王坦之共謁桓溫的心腹郗超，未得即晤，王坦之欲去，謝安說：「不能為了保全性命而忍耐一會兒嗎？」謝安對桓氏隱忍不發的態度，使他在彼強己弱的不利局勢下得以保全謝氏門戶，並得以在簡文帝死後的關鍵時刻，與其他士族一起遏制了桓溫的野心，扭轉了朝局。

桓溫知道謝安等對他專權跋扈心懷不滿，便仍回駐地姑孰（今安徽當涂）了。第二年，簡文帝病危，將要繼位的太子司馬曜（即孝武帝）年僅十歲。桓溫派人脅迫簡文帝立下遺詔，請他入朝居攝政事，做顧命大臣。簡文帝無奈，只得照辦，卻被謝安及王坦之阻擋，悄悄地將「攝政」改為「輔政」。一字之差，含義迥異。桓溫知道後十分惱火，對謝、王二人更是懷恨在心。簡文帝病逝後，桓溫以奔喪為名，帶兵從姑孰入京，陳兵新亭，欲篡權代晉。最高統治集團內部搶奪權力之爭有一觸即發之勢。當時朝臣中最孚眾望者要數謝安、王坦之，謝安為吏部尚書，王坦之任侍中。京師人士於是紛紛猜測，桓溫入朝，不是來廢幼主，就是來誅王、謝。這時，桓溫招謝安和王坦之赴新亭迎接，準備在座席之間把他們除掉。桓溫欲誅王、謝並代晉的圖謀如果得逞，東晉政權就可能會在內耗中消亡。社會生產、人民生命亦將遭致塗炭。能否制止桓溫的陰謀活動，對謝安來說是膽識和才略的一個極大考驗，也是關係到歷史前進或局部後退的抉擇。面對桓溫擺下的這場「鴻門宴」，王坦之驚懼萬分，問計於謝安。謝安神色不變，從容地對王坦之說：「晉朝的存亡，就在此一行了。」於是二人便赴新亭入見桓溫。隨從官員怕得罪桓溫，都向其遙拜；王坦之更是汗流沾衣，嚇得把手板都拿反了。謝安則不慌不忙，從容就座。他目光如炬，沉著坦然地對桓溫說：「我聽說如果諸侯有道，就會替天子防守四方的疆界。你何必如臨大敵似地在隔板牆後安置武士呢？」桓溫見陰謀敗露，只好尷尬地笑著說：「怕有猝變，不得不這樣辦罷了。」隨即命令撤去帳後武士。謝安與桓溫談笑了很長時間。謝安請他還兵軍鎮，一場危機終得化解。以前謝安與王坦之齊名，此時二人的膽識就明顯分出高下了。桓溫曾經把謝安所作的簡文帝謚議給在座的幕僚看，並感慨地說：「這是謝安石的『碎金』啊！」

孝武帝年幼，自己不能控制朝政，桓溫威振朝廷內外。後來，桓溫病重，遂向朝廷暗示要求賜給他「九錫」。「九錫」是古代帝王賜給元老重臣的九件寶物，如車馬、衣服、樂器等，這是一種最高榮譽，往往是「禪讓」的前奏。吏部郎袁宏負責起草賞賜的公文，謝安見了便拿去修改，故意一遍又一遍地改來改去，拖延了好長時間也沒定稿。一直到了桓溫於孝武帝寧康元年（西元三七三年）死去，這件事終於不了了之，使桓溫的非分之想落空。謝安對桓溫的一系列鬥爭，對東晉具有安邦定國的意義，同時也表現出了謝安的絕世謀略。

三、穩定大局

桓溫死後，兵權都歸於其弟桓沖之手。桓沖被封為中軍將軍，都督揚、江、豫三州軍事。桓氏是世代經營揚州幾十年而發展起來的世族軍閥集團，其勢力不會因桓溫之死而消滅，因而仍然雄據長江下游。揚州是朝廷重地，位置重要。在這種情況下，謝安並未趁機翦除桓氏集團，而是正確處理了可能激化的矛盾，採取了穩定政局的措施。同時，桓沖為人較為謙虛平和，一改乃兄專斷獨行的習氣，每每以國事為重。桓沖的親信看出謝安有執掌朝廷大權之勢，勸說桓沖早日除掉謝安等人，獨攬朝政，被桓沖嚴詞拒絕。寧康二年（西元三七四年）初，太后臨朝聽政，任命謝安為尚書僕射兼中書令，總管中書事務，輔佐幼主。桓沖自知德望不及謝安，便讓謝安為內相，而以鎮守四方為己任。太元元年（西元三七六年）正月，孝武帝司馬曜已十四歲，舉行了冠禮，太后宣布歸政。謝安晉升為中書監、錄尚書事，總攬朝政。至此，謝安便一步步攀登上權力的巔峰。謝安之所以能夠排除險阻，終於執掌朝政，原因有三：一是他出山雖晚但很成熟，對形勢有著深刻的理解。二是依靠他那清醒睿智的頭腦和從容鎮定的個性，在群僚中威望素著。三是客觀的歷史機緣。桓溫生前已將軍政大權牢牢地抓在手中，沒有能夠與之抗衡的力量。桓溫死後，桓沖謙和退讓，深明大義。

孝武帝年少，一切都聽從謝安處置。謝安的施政方針一如王導。王導的方針是「鎮之以靜，群情自安」，「務存大綱，不拘細目」，這是老子「我清靜而民自化」的具體化。政簡刑省，寬鬆大度，不生事端，以穩定人心，穩定時局。謝安的為政總方針是「鎮以和靖，御以長算」，「不存小察，弘以大綱」。「鎮以和靖，御以長算」是對北方強敵的策略，不急躁，沉住氣，後發制人。「不存小察，弘以大綱」是對內政策，即著眼於大處，寧可失之於寬鬆疏略，也不能失之於苛細刻薄。在這種總方針的指導下，謝安進行了必要和可能的內政改革。

首先，建立「北府兵」，作為維護集權，統御內外的支柱。西晉滅亡的原因之一，是皇族地主與軍閥合一，形成皇族軍鎮勢力。東晉初年，這種狀況並未隨之改變，仍是軍閥割據，沒有寧日。謝安知道，只有牢牢地穩住軍隊，才可能對內加強中央集權，對外加強防務。西晉時期的兵制是世兵制，就是兵家子弟世代當兵；兵戶另立戶籍，由封建政府各級軍府管理。這時兵士地位很低，與奴婢地位相仿，並往往成為官僚的私屬。由於地位低，兵士們常常逃亡，軍隊的戰鬥力也極差。為了改進和加強軍隊的戰鬥力，必須用招募方式建立新軍隊。謝安以謀略家的戰略眼光，命侄兒謝玄以建武將軍領兗州刺史，出鎮廣陵（今揚州市），招募一支新軍。後來這支隊伍因常駐京口（今江蘇鎮江），而京口當時又稱「北府」，故號稱「北府兵」。西晉永嘉之亂時，北方流民紛紛南下，大多居住在離建康不遠的京口、廣陵、晉陵一帶，東晉在這裡建立了南徐州和南兗州。這些北來僑民有些是寒門庶族，大多是一般的勞動人民。當謝玄招募北府兵時，這些僑民紛紛應徵入伍。由於這些人受過北方胡人的蹂躪，迫使他們背井離鄉，有收復失地的強烈願望；又由於北方流民經過重重險阻輾轉來到南方，長期的顛沛流離生活，養成了剽悍勇敢的性格，因此這支軍隊戰鬥力很強。其中一些將領如劉牢之、劉裕、劉穆之、何無忌、檀道濟等，都出身於寒門庶族。再加上北府兵招募時挑選嚴格，紀律嚴明，又經過嚴格的訓練，因而成為一支能征善戰的勁旅，是當時東晉王朝最精銳的武裝力量，在後來的淝水之戰中發揮了關鍵作用。

其次，為改革門閥制度的弊端，謝安實行以才德取人的方針。王國寶是謝安的乘龍快婿，其父王坦之與謝安同是簡文帝的顧命大臣，同輔幼主孝武帝。但他是一個沒有名士操守的紈褲子弟，貪縱聚斂，僅妾和使女即達數百人。謝安對他抑而不用，表現了刷新政治的改革精神。同時，謝安也不因族人有才有德而避嫌不用。在苻堅強敵屢擾邊境，朝廷渴求良將禦敵之際，謝安因其侄兒謝玄有經國之略而命其監江北諸軍事，並組建「北府兵」。人們對此不免議論紛紛。然而謝安不為所動，斷然任命了謝玄。這一舉動，得到了他的對立派人物，然而又是有識之士的中書郎郗超的贊同。郗超曾是桓溫的謀士，與謝玄曾同在桓溫府上共事，因而對謝玄比較瞭解。他雖然與謝氏家族的關係不好，但聽到謝安重用謝玄的消息後，還是懷著讚歎的心情對人們說：「謝安這樣推薦人才，固然違背大家的想法，但他這樣舉才違眾不避親，是顧全大局的做法；謝玄也必然不會辜負他的推舉，因為謝玄確實很有才能。」有些人還是不大相信，郗超又說：「我曾與謝玄同在桓公（指桓溫）府上共事多年，見他用人得當，即使是做很細小的事，他也能注意發揮人家的才幹，所以我知道他必不負所舉。」另外，謝安還在苻堅大舉南侵的緊要關頭，因其子謝琰有軍事才能，任命為輔國將軍，和謝玄共同禦敵。二人在淝水之戰這場決定東晉王朝命運的戰役中，互相配合，終於戰勝強敵，功勳卓著。這充分證明了謝安是善於用人的，既不拘門閥世族，用人不唯親，又不因親族有才德而避嫌不用。這在門閥政治發展到頂峰的東晉時代，對於一個門閥大族的人物來說，是極其難能可貴的。

其三，經濟上「除度田收租之制」。謝安廢除度田收租制度，對於穩定農業經濟，減少遊食人口，促進經濟的發展，都有著積極的意義。

這樣，謝安從咸安元年（西元三七一年）為侍中入閣，兩年後輔佐孝武帝司馬曜，至太元八年（西元三八三年）爆發淝水之戰，共十三年的時間內，實行了一些改革，緩和了社會矛盾，使東晉王朝出現了一百餘年中最穩定的局面。他的威望日高，人們對他的敬仰也與日俱增。時人都把謝安比作王導，而且認為他比王導更加文雅。

四、決戰淝水

前秦苻堅統一北方後，就想乘其累盛之威一舉滅掉東晉，統一中國。儘管有些反對的意見，但苻堅還是聽不進去，一意孤行。關於長江天塹，他認為把秦軍的馬鞭子扔到江裡就可以阻斷流水；關於東晉君臣和睦，有謝安等人物，苻堅則以秦滅六國，六國之君也不都是暴虐昏君相批駁，仍決心大舉南征。

太元八年（西元三八三年）八月，苻堅下令大舉伐晉。以其弟陽平公苻融率步騎二十五萬為前鋒，又命羌族姚萇為龍驤將軍，領蜀漢之軍東下。苻堅親自由長安出發，率步兵六十餘萬，騎兵二十七萬，前後旗鼓相望，大有翻手間踏平江南之勢。九月，苻堅到達項城（今河南項城），涼州之兵始達咸陽（今陝西咸陽一帶），蜀漢之軍方順流而下，河北幽冀之眾則剛至彭城（今江蘇徐州）。東西萬里，水陸齊進，運船萬艘，從黃河入石門（河南滎陽石門），達於汝、潁。其聲勢之大，在歷史上是罕見的。

面對著強敵壓境，東晉朝廷人心惶惶。當時東晉可以調動的軍隊總共不過八萬人，與前秦軍相比，簡直少得可憐。謝安儘管也很憂慮，但表面上卻仍然鎮定自若。朝臣看到謝安那麼鎮靜，緊張的心情也就緩和了下來。謝安精心策劃，作了全面部署安排：任命其弟謝石為征虜將軍，具體負責前線指揮軍事；其侄謝玄為前鋒都督；還有其子謝琰等人共率八萬兵卒開赴前線。桓沖這時正任荊州刺史，鎮守江陵。他擔心京城建康有虞，便從自己的軍隊中分出三千精兵，開赴京都以增強防務。謝安卻堅決不接受，說三千兵馬有之不多，無之不少，叫桓沖留以自衛。並說荊州是長江上游重鎮，應加強防守力量，桓沖見謝安故作鎮定，所用將領又都是謝氏家族中的「少壯派」，不禁大為憂慮，嘆息道：「謝安是朝廷的宰相之才，卻在軍事上一竅不通。大敵臨境，還清談不輟。前線諸位將領又都是一些沒有任何軍事經驗的青年，加上眾寡懸殊，後果不堪設想。我輩恐怕就要成為亡國奴了。」

謝安卻還是說說笑笑，跟平常一樣，絲毫沒有緊張的表情。大軍即將出發，謝玄有點沉不住氣了，詢問謝安有何指示，如何布兵打仗。謝安神情淡然地說：「朝廷自有安排。」謝玄雖不敢再問，心裡卻很不踏實，便吩咐別人再來請示。謝安仍不作答，只是命人備好車馬，載著親朋好友，前往土山別墅遊玩。來到一座亭閣之中，謝安拉著謝玄下圍棋，並以土山別墅為賭注。謝玄不好推辭，只得應命。他的棋藝本比叔父謝安高出一籌，但是現在因為局勢危急，心神不安，連連失手。謝安笑道：「你真是心不在焉，一心認為有鴻鵠將至了！」謝安引用《孟子》的典故，謝玄是明白的，他忽然有所悟：叔父這不是暗示我要冷靜從容，心不二用嗎？到了夜晚，謝安才盡興而歸，一一做了詳細部署。謝安的鎮定自若，增強了謝玄抗敵取勝的決心。

初冬十月，天氣已有些寒冷。謝石、謝玄等人率領八萬軍隊向淮、淝一帶進發。在這以前，前秦先鋒苻融進攻壽陽（今安徽壽縣）。東晉龍驤將軍胡彬率領五千精兵前往救援，走到半路，便已得知壽陽陷落，守將徐元喜等被俘。胡彬只好退守壽陽以北八公山中的硤石城（分安徽鳳台縣西南）。苻融派梁成率眾五萬駐紮洛澗（古水名，又名洛水，即今安徽淮南市東淮河支流洛河），並沿河設柵，以阻擋晉軍沿淮救援胡彬。謝石、謝玄不敢貿然進軍，只得在離洛澗二十五里處（即現在的馬頭城一帶）停駐。

胡彬退保硤石，頂不住前秦軍的日夜攻打，已經糧盡草絕，不得不修書一封，派人給謝石送去告急求援。不料信使被前秦軍截獲，押見苻融。苻融從他身上搜出求援書信，大意為：硤石危急，倘有不測，恐我此生不能復見諸公了。苻融大喜，連夜派人奔赴項城向苻堅報告：「晉軍甚少，容易擒獲；但恐逃脫，應速進攻。」苻堅聞訊更是喜出望外，便將大軍留在項城，只率八千輕騎兼程趕到壽陽苻融那裡。他見謝石、謝玄等人駐軍馬頭城一帶瞻望不前，便派四年前被俘的東晉襄陽守將朱序前去勸降。朱序被俘後雖然受到苻堅重用，但他只不過是暫且棲身而已，無時不想尋機返回江南。他見到謝石、謝玄，非但不勸投降，反勸速戰，說：「如果苻堅百萬大軍都到了，確實難與之為敵。現在應該乘其大軍沒有全部抵達以前，趕快打敗他的前鋒，先聲奪人，挫其銳氣，那麼我們就可以取得勝利。」

謝石本來的策略是以逸待勞，堅守不戰，待敵軍疲憊後再發起進攻。但當時情況已變，原先的策略顯然不妥。謝玄贊成朱序的意見，極力主張速戰。謝石仍猶豫不決，謝琰急了，大聲說：「還猶豫什麼？失掉這個機會，等於坐以待斃！」謝石這才下定決心，並請朱序回去從內策應。

十一月初，謝玄派參軍劉牢之率北府兵精銳五千人直攻洛澗，秦將梁成則率軍列陣準備廝殺。劉牢之率北府兵勇往直前，強渡洛澗，砍斷柵欄，殺死了梁成和幾個敵將。謝玄、謝琰跟上接應，前秦軍無法招架。劉牢之又截斷橋樑，使敵軍無法後退，只得紛紛跳入水中，活活淹死者無數。洛澗一戰，前秦軍死傷一萬五千多人，晉軍大獲全勝，從而拉開了淝水大決戰的序幕。

洛澗大捷，晉軍以少勝多，士氣大振，信心倍增。謝石、謝玄一面命令劉牢之繼續救援硤石胡彬，一面親自指揮主力推進到淝水東岸，在八公山安營紮寨。山上遍插旌旗，與淝水西岸駐紮在壽陽的苻堅大軍隔河相望。曾經不可一世的苻堅，眼見洛澗慘敗，就像是挨了一記悶棍，不再那麼躊躇志滿了。他與苻融登上壽陽城頭，舉目東望，只見八公山中晉軍布陣整齊，戰旗飄揚，不禁有些膽寒；又見山上草木森森，朔風吹來，微微晃動，恍若都是晉兵，便對苻融說：「這是勁兵強敵啊，怎麼能說他們力量寡弱呢？」苻堅一下子從驕傲輕敵變成了自卑懼敵。這就是歷史上「草木皆兵」典故的由來。

不久，淝水決戰開始了。這天清晨，謝石佯作渡水攻城，以吸引敵軍精銳部隊。謝玄、謝琰等率精兵八千，來到淝水岸邊準備渡河。前秦軍營靠近水邊，沒有一塊空地可以作為決戰場所。謝玄籌劃一計，派使者前往前秦軍營，對苻融說：「你們孤軍深入，利在速戰，現在卻布陣水邊，這是持久戰的陣勢。如果稍稍後退一點，讓我軍渡河後再決勝負，不是一件好事嗎？」當下苻堅聚集部下共議此事，諸將都不同意讓晉軍渡水作戰，主張仍應阻遏淝水。苻堅卻說：「暫且讓他們渡水，等他們渡到一半時我們突然回擊，一定能大勝晉軍。」苻融也贊成這個主張。

於是前秦軍隊開始後退。誰料這一退，卻如同潮水般不可遏止。那些背井離鄉被強迫來打仗的士卒不願為前秦政權賣命，紛紛向後奔跑。晉軍乘勢搖船急進，登岸後引弓齊發。苻融想穩住陣腳，騎著馬阻止退兵，混亂中馬被擠倒，為晉軍所殺。此時，朱序在前秦軍陣後連聲大喊：「我軍敗了，我軍敗了。」這一喊更如火上澆油，秦軍更加混亂，兵敗如大河決堤。謝玄、謝琰率精兵左衝右突，一直追殺到壽陽西北三十里的青岡城。前秦軍隊在混亂中自相殘殺死者不計其數，蔽塞川野。僥倖未死者聽到風聲鶴唳，都以為是追兵追至，於是晝夜不停地逃跑，一路上飢寒交加，又死了十之七八。苻堅本人也中了流箭，回到洛陽後，收集殘兵，九十萬大軍只剩下十餘萬人了。淝水一戰，東晉取得了輝煌的勝利。

當前線鏖戰方酣之時，後方謝安也正「鏖戰」方酣：他正與一位客人下棋。此時捷報送來，他看了一眼，沒有任何表示，漫不經心地扔在一邊，繼續跟客人下棋。直到一局終了，客人問方才是什麼消息，他才淡然答曰：「小兒輩已經破賊了。」他依然表現出超然的樣子。其實，他內心何嘗不是欣喜若狂呢？他是如此激動，以至於客人剛走，他為了趕快向朝廷報捷，跨出門檻的時候，把木屐底下的齒兒折斷了都未發覺。

天下興亡兩盤棋。謝安的兩盤棋有膽有識，創造了中國歷史上著名的以少勝多的戰例。其指揮若定的大將風範和決勝於千里之外的謀略為後人所稱道。東晉政權因淝水之戰的大捷而得以延續下去，作為戰役的全局指揮者，謝安功不可沒。

五、魂歸東山

在淝水大捷後，謝氏家族的榮譽到達頂峰時，謝安心中也開始鬱積著戒懼和不祥。「功高震主」，這在封建社會是不祥的前兆。這時，孝武帝任命自己的弟弟司馬道子為錄尚書事，總管朝廷各部門的政務，以牽制負責對外作戰的謝安。謝安深諳「飛鳥盡，良弓藏；敵國滅，謀臣亡」的古訓，他唯有主動退避朝廷，回到以前的縱情山水中去。但這時國家未統一，淝水戰後，統一的北方很快分裂為眾多小國，各部族紛紛起來造反。謝安見北方已亂，便上疏請求親自掛帥北伐，一方面試圖完成統一大業，另一方面也可暫時擺脫朝廷的紛擾。孝武帝准奏，任命謝安都督揚州、江州等十五州的軍事。謝安即以謝玄為前鋒都督，率劉牢之等人向北推進，很快攻克了現在山東、河南的一些城池。隨著謝安北伐的節節勝利，孝武帝和司馬道子對他的猜忌也愈來愈深，害怕謝安利用北伐來擴大權勢，威懾朝廷。謝安明白自己的險惡處境，進退兩難，既不能像王敦那樣舉兵叛亂，也不願像王導那樣表白自己。他面前只有一條出路：躲避。

恰巧此時謝玄派人來向謝安請示：前秦鄴城守將符丕被燕軍包圍，請求謝玄出兵救援，事成後將把鄴城獻給晉軍，此事不知可應否？謝安正尋藉口離開朝廷外出督軍，便命謝玄出兵援救並接受鄴城。接著他又上書請出廣陵，以圖謀中原。孝武帝當即批准，並親率文武百官為其送行。

這一年是太元十年（西元三八五年），謝安已六十六歲。自從他四十一歲出仕離開東山，倏忽已過去了二十五個春秋。如今他日夜思念東山，準備這次北伐勝利後就回東山度過晚年。但天違人願，他到廣陵後不久就病倒了，硬撐了幾個月，病情不見好轉。不得已，只好請求回京治療。臨行前他依然念念不忘國事，對謝玄作了周密部署。於是謝安一行人向京城進發。當謝安坐的車子進入石頭城西州門時，他心中忽然一動，恍恍惚惚憶起一件往事：當年與桓溫周旋時，他經常擔心自己性命不保。有一夜，做了一個奇怪的夢，夢見自己乘著桓溫的車子走了幾十里路。桓溫病故以後，自己代之執政到如今也正好十幾年了。莫非應了這個夢讖，自己的生命之車已駛到了盡頭？這年八月，謝安安詳地病逝於建康（今南京）。謝氏家族雖遭到一定程度的猜忌和排斥，但始終未受大的迫害。之後，司馬道子代謝安都督中外諸軍事，王國寶之流專權禍國，東晉王朝迅速走向衰敗。

本文主要資料來源：《晉書》卷七九，〈謝安傳〉；《晉書》卷九，〈晉孝武帝本紀〉。

王猛傳

林紅

王猛，字景略，東晉明帝太寧三年（西元三二五年）生於青州北海郡劇縣（今山東壽光東南），前秦建元十一年（西元三七五年）七月去世。他是一位著名的亂世宰相，曾輔佐前秦皇帝苻堅實現了整個北方的統一，使其疆域東及滄海，北盡沙漠，西包龜茲，南抵江漢。歷史學家范文瀾曾說：「苻堅在皇帝群中是個優秀的皇帝，他最親信的輔佐王猛，在將相群中，也是第一流的將相。」

一、捫蝨高談天下事

王猛出生之時，羯人石勒建立的後趙政權席捲中原，興兵南下，與東晉夾淮水對峙。繼石勒之後稱帝的石虎，是一個窮兵黷武、嗜殺成性的暴君，後趙國無寧日，民不聊生。年幼的王猛便隨家人顛沛流離，輾轉來到魏郡（今河南北部與河北南部）住下。

王猛家貧如洗，為了餬口，他小小年紀便以販賣畚箕為業。相傳，有一次王猛在洛陽鬧市上設攤叫賣，有一個人走過來，表示願意出大價錢買他的畚箕，但又說身上沒帶錢，讓王猛跟他到家裡去取。王猛貪戀他出的好價錢，又聽說那人離此處不遠，便挑起畚箕跟著走了。走著走著，並不覺得走了多少路，突然來到一座深山裡。只見一位白髮銀鬚的老人威嚴地坐在一架躺椅上，左右分立著十來個人。其中一個引著王猛前去拜見，那老人卻抬抬手說：「王公，您怎好拜我呀！」還讓人拿出十倍的錢買下他所有的畚箕，然後又派人送他下山。王猛走出山來，回頭一看，原來是距洛陽足有上百里的嵩山。嵩山為五嶽中的中嶽，在這裡曾產生過許多神奇的故事。傳說中的那位老人，當然是神仙之類的人物；而他用「公」這樣的尊稱來稱呼王猛這個賣畚箕的窮少年，當然是預示王猛將來有不可限量的前途。神仙之事本屬子虛烏有，這傳說自然是王猛發跡後才編造出來的。不過，王猛這位賣畚箕出身而才華過人、功名蓋世的宰相，在當時人看來，大概確實是充滿了傳奇色彩。

後來，王猛就不再賣他的畚箕了，開始讀起書來。他生於亂世，長於亂世，當然不會像太平時代的書生那樣，苦苦啃嚼幾部古老的經典，借此在上層社會謀一官半職。他也無意做一個學者，度過枯燥的一生。史書上說王猛「博學好兵書」，可見他涉獵很廣泛，尤其喜好軍事學，喜歡揣摩用兵之道。再從王猛後來的活動來看，他熟悉歷史，尤其注意現實社會中各個政治集團之間的關係。這些都說明，王猛讀書原是一種有意識的準備，以便在變幻不定的時代風雲中捕捉恰當的時機，去做一番轟轟烈烈的事業。社會的動盪，使普通人感到危險不安，所以會有「寧為太平犬，不作亂世人」的民諺；但是不甘沉沒的豪傑之士，尤其是那些出身下層社會，無所憑依的人物，卻往往從中看到了機會。因為在權力結構穩定的時代，他們總是受到壓抑；而在動亂的時代，他們的才能卻有可能得到施展，王猛便是其中的一位。

經過若干年的磨煉，王猛成長為一位英俊魁偉、雄姿勃勃的青年，他為人嚴謹莊重，深沉剛毅，氣度恢宏，處世通達，但絕不輕率和粗疏。他與雞毛蒜皮的瑣細之事絕緣，更不屑於同塵垢秕糠打交道。為了增長閱歷，擴大交遊，他曾到過許多地方，對於那些庸庸碌碌的世俗之輩，他從來都不屑一顧，一般人看得很重的東西，他也不放在眼裡，為此，許多淺薄浮華的貴族人士經常恥笑他，認為他自命不凡，空疏可笑。而王猛卻悠然自得，我行我素。有一次，他出遊後趙國都鄴城（今河北臨漳縣西），達官貴人們沒有誰瞧得起他，唯獨一個「有知人之鑑」的徐統「見而奇之」。徐統在後趙官至侍中，他召請王猛為功曹，即郡守或縣令的總務長官，負責人事並參與政務。就常情而言，這也不失為走上政治舞台的一個台階，然而王猛卻隨即拂袖而去，到華陰山（今華山）隱居起來，靜候風雲之變而後動。

此後數年間，北方戰亂愈演愈烈，政局也瞬息萬變。穆帝永和五年（西元三四九年），暴君石虎終於死了，而他的後代卻立即展開了兇狠的廝殺，直殺得「橫屍相枕，流血成渠」。一年之中，三易帝位。大將冉閔乘機攻入鄴城，屠戮羯人二十餘萬，於穆帝永和六年（西元三五〇年）滅趙建魏，遂「與羌胡相攻，無月不戰」，立國後不到兩年的時間，又被從東北撲入華北的鮮卑慕容氏的前燕政權滅掉。鄴城落入燕帝慕容儁之手，而關中等地各族豪強紛紛割據，北方稱王稱帝比比皆是，在這個過程中，氐族首領苻洪嶄露頭角了。

氐族屬於西戎族，原居於今甘肅東南端，東漢末年內遷關中地帶，與漢人雜居，逐漸「漢化」。苻氏世為氐族酋長，石虎強徙苻洪及其部眾十萬到鄴城以南。冉閔稱帝後不久，苻洪自稱秦王，但不久就被降將所殺。其子苻健繼位，率眾西歸，於穆帝永和七年（西元三五一年）占領關中，建都長安，國號秦，史稱前秦。他薄賦斂，卑宮室，重政事，優禮耆老，修尚儒學，國家很有起色。次年稱帝，勢力日強。穆帝永和十年（西元三五四年），東晉荊州鎮將軍桓溫率四萬步騎，號稱十萬，攻擊前秦。從武關進軍關中，經藍田大戰，進屯灞上（今西安市東），關中父老爭以牛酒迎勞，男女夾路聚觀。

王猛聽到這個消息，身穿麻布短衣，逕自來到桓溫大營求見。桓溫請王猛談談對時局的看法，王猛在大庭廣眾之下，一面滿不在乎地摸出身上的蝨子，隨手掐死，一面與桓溫縱談天下大事，滔滔不絕，旁若無人。這就是歷史上傳為佳話的「捫蝨而談」。桓溫是一代豪傑，豪爽而有計謀，他與王猛一席對話，心裡深為敬重，感嘆道：「江東沒有一個人能比得上您的才幹！」席間桓溫又問王猛：「我奉天子之命，統率十萬精兵仗義討伐逆賊，為百姓除害，而關中豪傑卻無人到我這裡效勞，這是什麼緣故呢？」王猛直言不諱地回答說：「將軍不遠千里深入敵境，如今長安近在咫尺，而您卻不渡過灞水去把它拿下，大家摸不透您的心思，所以不來。」一語擊中了桓溫的隱祕，使他頓時說不出話來。原來桓溫之所以不急於攻下長安，雖然也有某些軍事方面的原因，但更重要的是出於個人的考慮。他當時控制著長江中游的荊州一帶，這是南方政權至關重要的軍事重鎮，同時又掌握著東晉最精銳的部隊，因而頗有取代晉室自立的野心。所以這次北伐的目的，也只是為了樹立個人的聲威，作為篡晉的一筆政治資本。恢復關中，只能得個虛名，而地盤卻要落於朝廷；與其消耗實力，失去與朝廷較量的優勢，為他人作嫁衣裳，不如留敵自重。不過，桓溫畢竟是英雄之士，對王猛的氣度和才智仍然十分賞識。他後來決定還師南下時，特意贈送車馬給王猛，並拜王猛為高官都督，請他和自己一起到南方去。王猛心想在士族盤踞的東晉朝廷裡，自己將很難有所作為，但追隨桓溫則等於助其篡晉，勢必玷汙清名。於是他便回到華山向老師請教，老師也表示反對南下，並說：「你和桓溫豈能並肩而立！在北方自有富貴可取，何必遠赴江南！」於是，王猛便留在了北方，並繼續隱居讀書。

二、出山輔英主

桓溫退走的第二年，永和十一年（西元三五五年）苻健去世，其子苻生繼位。苻生為人褊躁多疑，暴虐好殺，視殺人為兒戲。弄得貴族和大臣們人人惶惶不安，當時便有「群臣得保一日，如度十年」的說法，所以他們中的一些人便希望苻堅來取而代之。

苻堅，字永固，苻健之侄，是十六國時期傑出的政治家。他傾慕漢族的先進文化，年少時便拜漢人學者為師，潛心研讀經史典籍，很快就成了氐族貴族中的佼佼者。他博學強記，文武雙全，而且立下了經世濟民、統一天下的大志。他懂得「明政無大小，以得人為本」的道理，廣招賢才，網絡英豪。苻堅當然不甘心受制於無能的苻生，所以他向尚書呂婆樓請教除去苻生之計，呂婆樓也向他力薦王猛，於是苻堅便派呂懇請王猛出山。

苻堅與王猛一見如故，談到古往今來的人物，天下興亡的道理，目前各國的形勢，句句投機。苻堅覺得自己就像劉備當年遇到諸葛亮似的。至此，王猛終於找到了他所期望的有雄心有識度的君主，苻堅也找到了一個有力的助手。晉升平元年（西元三五七年），苻堅一舉誅滅苻生及其幫兇，自立為大秦天王，改元永興，任命王猛為中書侍郎，職掌軍國機密。

當時前秦面臨的國內外形勢是非常嚴峻的。前秦的主要根據地在關中，這裡地勢險峻，易守難攻，自古稱為「四塞之國」。但地勢之利並不是能完全靠得住的，東面有鮮卑族慕容氏的前燕，北面有鮮卑族拓跋氏的代國，西面有漢族張氏的前涼，南面有公認為華夏正統所在的東晉。任何一方隨時都可能對它帶來威脅，並且在幾年之前，桓溫的軍隊就曾直逼長安城下。國內更是矛盾重重，危機四伏。氐族在北方各少數民族中，受漢文化的影響較深，其文明程度也較其他各族為高。但它畢竟是一個帶有濃厚的奴隸制殘餘的部落，氐族的部落貴族，其實就是奴隸主貴族，掌握著極大的權力。也就是說前秦當時還沒有真正進入封建社會，王權對部落貴族的控制，是相當軟弱和鬆散的。所以苻堅不僅要鞏固對內的統治，而且還要對付境外的威脅，並圖謀進一步的發展。

王猛幫助苻堅所做的第一件事情，就是抑制豪強，削弱氐族貴族的勢力，強化王權。他用漢族先進的封建政治制度去改造氐族的部落制殘餘。最初王猛擔任中書侍郎，後來不久就調為始平令。始平縣（今陝西咸陽市西北）是京師的西北門戶，地位極為重要。但長期以來那裡豪強橫行，劫盜充斥，百姓叫苦連天。王猛一到始平，便申明法令，查清不法豪門，以嚴厲的手段加以限制。有個樹大根深的奸吏，作惡多端，王猛將他當眾鞭死。這樣一來，地方豪強豈肯干休，隨即聯名上書控告王猛，朝廷中自然也有人與他們相呼應。就這樣，王猛沒當幾天的縣令就被逮捕，用檻車送到長安。

苻堅聞訊，親自審問王猛，責備他說：「治理國家，應當以倡導德行、感化民眾為先，你怎能一到任就殺掉那麼多人，多麼殘酷啊！」王猛平靜地回答說：「我聽說過這樣的道理，治理安定之國可以用禮，但治理亂國，必須用法。陛下不以臣無能，讓臣擔任難治之地的長官，臣一心一意要為明君剷除凶暴奸猾之徒。我才殺掉一個奸徒，而該殺的還有上萬之數呢。如果陛下因為我不能除盡殘暴，肅清枉法者而要懲罰我，我甘願受死；但是陛下指責我『為政殘酷』，我是決不接受的。」苻堅聽了這番話，大為讚賞，把王猛比為管仲、子產（春秋時兩個以重視法治著稱的政治家），並立即將他釋放，升任為尚書左丞、咸陽內史、京兆尹。

王猛治績卓著，執法不阿，精明強幹，在三十六歲那年，接連升了五次官，一直做到尚書左僕射、輔國將軍、司隸校尉等，「權傾內外」。王猛的備受信任，引起了皇親國舅和元老舊臣們的忌恨。氐族豪帥出身的姑臧侯樊世，依仗自己幫助苻健打天下的汗馬功勞，最先跳出來，當眾責問王猛：「我們曾與先帝共興大業，卻不得參與機密，你無汗馬功勞，憑什麼專管大事，難道我們種下的莊稼，讓你來坐享其成嗎？」王猛冷笑道：「不光是你們種我來收，還要讓你們做好飯端給我吃呢！」樊世肺都要氣炸了，跺著腳咆哮道：「姓王的，總有一天要把你的頭掛在長安城的門樓上，否則，我不活在人世上了！」王猛把這件事告訴了苻堅，苻堅果斷地說：「必須殺了這老頭，群臣才能整肅。」

不久，樊世入宮奏事，苻堅當著他的面對王猛說：「我想讓楊璧做我的女婿，你看這個人怎麼樣？」樊世在一旁頓時火冒三丈，大聲地說：「楊璧和我的女兒定婚已久，陛下怎麼可以將他選配公主呢？」王猛在旁趁機給他定下罪名，「四海之內，皆為陛下所有，你竟敢和陛下爭婚，豈不成了兩個天子，還有上下之分嗎？」王猛火上澆油，樊世哪裡按捺得住，衝上去就要毆打王猛，被左右拉住，他又破口大罵，穢言不堪入耳，苻堅大怒，立即命令將其斬首。之後，反對派對王猛由公開攻擊轉為暗中讒害了。

尚書仇騰、丞相長史席寶利用職務之便，屢屢毀謗王猛。苻堅聽說後大怒，黜仇騰為甘松護軍，席寶為白衣領長史，對於飛短流長的氐族大小官員，苻堅甚至當堂鞭打腳踢。這樣，再也沒有人胡說八道了。

甘露元年（西元三五九年），王猛由咸陽內史調任侍中、中書令、京兆尹。京城是王公貴族聚居之處，比小小的始平縣要難於治理得多。當時朝廷內外有一批氐族顯貴，仗恃與皇室同族或「有功於本朝」等，身居要職，恣意妄為，無法無天，王猛的矛頭便首先對準了他們。苻健的妻弟強德，自恃後戚，橫行不法，酗酒行兇，搶男霸女，成為百姓的禍害。王猛立即收捕強德，上奏的文書還沒等得及批覆，便將他處死。等到苻堅因太后之故派人持赦書飛馬趕到時，強德早已「陳屍於市」了。緊接著，王猛又與御史中丞鄧羌通力合作，全面查處害民亂政的公卿大夫，一鼓作氣，無所顧忌，數十天內，權豪貴戚被處死、受刑、罷免者達二十餘人。「於是，百僚震肅，豪右屏氣，路不拾遺，風化大行」。苻堅感嘆道：「直至今日我才知道天下是有法的，天子是尊貴的！」王猛又讓苻堅下令挑選得力官員巡察四方及戎夷地區，查處地方長官刑罰失當和虐害百姓等劣行，整頓地方各級統治機構。

就王猛而言，能被苻堅如此重用，除了他本人的才能，治國方針對苻堅有利外，還因為王猛是個漢人。苻堅手下的大臣，原來都是部落的首領，各人都有自己的勢力。所以過於依靠任何人，都有可能帶來弊害。而王猛在這個由氐族統治的王朝中，實際上是毫無基礎的。他唯一的靠山就是苻堅，除了苻堅他就一無可為，所以他打擊的氐族權貴，也都是與上一代君主苻健關係密切，而在苻堅時代並不怎麼受信任的人物，如樊世、強德。而對於那些受到苻堅信任以及同樣支持中央集權的人，如尚書僕射梁平老、司隸校尉呂婆樓等，王猛也很注意和他們處理好關係，爭取他們的支持，從而獲得在朝廷中穩固的地位。

三、整飭內政

王猛為相後，與苻堅的弟弟苻融成為前秦最高統治集團中的核心人物，一切有關內政外交的大事，苻堅都和他們倆商量而定，而實際的政治事務，則主要由王猛負責。王猛便在苻堅的支持下，繼續以抑制豪強為基本方針，同時採取各種有力措施，改善國內情況，壯大前秦的力量。

首先，他從整頓吏治入手，嚴明賞罰，裁汰冗劣，耀拔賢能。王猛在著力打擊氐族貴族，做到「有罪必罰」同時，還力求做到「有才必任」。他在接受司隸校尉等職之前，曾力薦在職官僚苻融、任群和朱彤等人，使他們各得要職。滅燕後，他又很快推薦房默、房曠、韓胤、田勰等一批關東名士擔任朝官或郡縣官長。「木秀於林，風必摧之」，「行高於人，眾必非之」。王猛從自己的親身經歷中，對賢才遭嫉有著深刻的體會，所以，他也像苻堅一樣保護賢才，用人不疑。苻融為人聰辯明慧，文武出眾，善斷疑獄，見識遠大，他曾因小過失而時常侷促不安，王猛也赦而不問，信用如初。反之，對於那些居官不稱職者，王猛則棄之如腐鼠。

王猛不僅做到「伯樂相千里馬」，而且還幫助苻堅創立了薦舉賞罰制度和官吏考核新標準。其主要內容是：地方官長分科薦舉名為孝悌、廉直、文學、政事的人才，上報中央；朝廷對被薦者一一加以考核，合格者分授官職，凡所薦人才名實相符者，則薦舉人受賞，否則受罰。凡年祿百石穀米以上的各級官吏，必須「學通一經，才成一藝」，對於那些不通一經一藝者統統罷官為民。薦舉賞罰制度和選官新標準的規定，沉重地打擊了早已成為士族壟斷政權工具的九品中正制，也否定了十六國以來許多胡族軍閥統治者迷信武士，蔑視文化知識的落後觀念，有效地提高了前秦各級官僚的智能素質。「才盡其用，官稱其職」的局面日益形成，社會風氣和社會治安也為之一變，賄賂請託、恣意妄舉的腐敗現象逐漸消除，養廉知恥、勸業競學之風日盛。

其次，注重用先進的漢族文化來培養氐族人才。在他的贊導下，前秦恢復了太學和地方各級學校，廣修學宮，聘任學者執教，並強制公卿以下子孫入學。苻堅每日親臨太學一次，考問諸生經義，品評優劣，並與博士講論學問。滅燕後，苻堅又親率太子，王侯公卿大夫之長子祭祀孔子，宣揚儒教。這樣，先進的漢族傳統文化在北方很快得到復甦和振興。

再次，王猛注重興修水利，通過獎勵農桑，努力發展社會生產。西元三七六年，前秦政府徵調豪富僮僕三萬人開涇水上游，鑿山起堤，疏通溝渠，使關中許多易遭旱災的土地得到灌溉。王猛還通過召還流民、徙民入關等途徑增加農業勞動力，並注意節約開支，降低官僚俸祿，減免部分租稅，以減輕人民負擔。前秦政府還經常派員巡察地方，推廣先進的生產技術，獎勵努力種田的農民，這樣，荒蕪多年的田地重長五穀，空廢多年的倉庫又滿帛粟，物質基礎大大增強了。

最後，注意調整民族關係，促進民族融合。前秦是氐族建立的國家，氐族又是少數民族中較小的一個。前秦國內不僅存在著氐漢之間的矛盾，而且還存在著氐族與其他少數民族的矛盾。作為漢人，王猛能盡忠於前秦政權，與苻堅名為君臣，形同兄弟，為氐漢兩族的團結做出了很好的榜樣。前秦廢除了胡漢分治之法，確立了「黎元（百姓）應撫，夷狄應和」的基本國策，諸族雜居，互相融合。當時曾有人別有用心地建議苻堅把西北氐族各部盡遷入京城，而將關中各族大戶驅逐到邊地，王猛便勸苻堅將這人處死。邊將賈雍所部攻掠匈奴，立即被罷官。於是，匈奴、鮮卑、烏桓、羌、羯諸族紛紛歸服，有才幹的都被委以要職，確有「四夷賓服，湊集關中，四方種人，皆奇貌異色」。

王猛的施政方針，促使苻堅吸收先進的漢族文化，仿效漢族的封建政治制度，改造氐族的奴隸制殘餘，從而使前秦王朝得以鞏固、發展，同時也加速了氐族漢化的過程，給前秦的政治情況帶來了極明顯的改變。據史書記載，當時前秦境內和平安定，政治清明，生產發展，百姓豐足。自長安到各州的大路旁，都種植了槐樹和柳樹，二十里一亭，四十里一驛，外出者在途中都可以得到食宿和供應，從事手工業和商業的人在大道上來來往往，百姓都歌唱道：「長安大街，楊槐蔥蘢；下馳華車，上棲鸞鳳；英才雲集，誨我百姓。」「兵強國富，垂及昇平，（王）猛之力也。」

王猛執政號稱「公平」。他處事果斷，辦事講究效率，從不拖泥帶水。有一次廣平人麻思因母喪向王猛請假回故里葬母，王猛對他說：「你要走就趕快走，今晚我已發令命潼關禁止出入了。」潼關距長安二百多里，為京都門戶。麻思匆忙上道，剛走出潼關，就發現地方官員已接到通知，並鎖關了。由此可見，其令行之速。

四、巧施謀略，勇於爭雄

在王猛治理下，前秦成為諸國中最有生氣的國家，因而有實力與群雄角逐，而且愈戰愈強，十年之間（西元三六六年～西元三七六年）便統一了北方。在這個過程中，王猛經常統兵征討，攻必克，戰必勝，表現出卓越的軍事才幹和大將風範。他的大膽和機變更讓別人無法比擬。據史書記載，在前秦的西部，是占據著河西走廊及新疆南部的前涼。當時前涼大將李儼鎮守枹罕（今甘肅臨夏），領有數郡之地，與前秦接壤，但不久李儼背叛前涼，割地稱雄。西元西元三六六年，前涼統治者張天錫親率三萬大軍攻李儼，李儼向苻堅求救，苻堅命王猛領軍前往。王猛在枹罕東大敗張天錫，張氏被迫引軍而歸。這時李儼對王猛也懷有戒心，緊閉城門不出，王猛於是身穿白袍，一副悠閒的神態，只帶了數十個隨從來到城下，要李儼開門相見，李儼這才放心，於是開城門讓王猛進來，沒有想到要作任何防備。誰知王猛入城後，一支秦軍突然隨後搶入城門，俘虜了李儼，占領了李儼所割據的大片土地。王猛身為一國之相，三軍之帥，而竟敢輕入險地，以自身為誘餌，足見他為人的大膽和機變。

前面提到前秦建朝伊始，國內外面臨的形勢是很嚴峻的，可謂「四面受敵」，但當時苻堅和王猛都沒有苟安於關中或偏霸一隅的想法。王猛的願望是統一北方，為將來統一全國打下基礎；苻堅則更是雄心勃勃，志在「混一六合，以濟蒼生」。他們擬定的策略是：先穩定西北以無後顧之憂，再向東南進攻，以圖大業。

穩定西北的計畫進展順利，通過政治、軍事手段，到建元三年（西元三六六年）五月，匈奴劉氏部、烏桓獨孤部、鮮卑沒奕干部和拓跋部的代國等都先後歸服了前秦。同年七月，王猛又率軍進攻東晉荊州北部五郡，初戰告捷；掠取一萬餘戶北還。第二年二月，王猛討平羌族叛亂頭目斂歧；四月，大破前涼國主張天錫軍，斬首一萬七千餘級；繼而又不費一兵一卒，智擒原張氏部將李儼，奪取重鎮枹罕。

這年十月，前秦內部爆發了「四公叛亂」。晉公苻柳據軍事要衝蒲坂（今山西永濟西蒲州）起兵反叛，趙公雙、魏公庾、燕公武也同時各據要衝叛亂。其實在這以前，王猛曾勸苻堅除去苻柳等。但是苻堅不聽。這時他們同時並起，氣勢洶洶，並且揚言要一舉攻下長安。第二年春，王猛便奉命率諸將前往討伐。魏公苻瘐聞訊後，竟然以陝城（今河南陝縣）降燕，請兵接兵來伐秦。

當時晉公苻柳首先出城挑戰，但王猛卻閉壘不應，苻柳以為王猛怯陣了，於是便留下世子苻良守城，自己親率兩萬大軍偷襲長安城。王猛假裝不知，暗中卻派大將鄧羌率精兵七千襲擊苻柳軍隊。苻柳大敗而還，在歸途中又遭到了王猛的伏擊，兩萬人只有苻柳及其隨從數百騎逃入蒲坂，其餘全部當了俘虜。不久，王猛又攻破蒲坂，苻柳身首異處。其餘三公也都被俘或被殺。這樣，「四公叛亂」的平定，便為前秦掃清了通往中原通路上的障礙。

國內叛亂平定後，前秦便把目標對準了東部強鄰前燕。前燕慕容氏，是鮮卑族的一支，原來活動在遼寧一帶，西晉覆滅後，其勢力在動亂中日漸發展壯大。西元三四九年，中原地區的後趙被漢人冉閔所滅，冉氏建立魏國，史稱冉魏。慕容鮮卑的首領慕容儁趁冉魏在戰爭中實力耗損而立足未穩之際，於西元三五二年集中大軍攻入中原，擊滅冉魏，自稱燕皇帝，先定都薊城（今北京市），後定都於鄴，史稱前燕。前燕與前秦同時並峙，是北方最強大的兩支力量，但比較起來，前燕不但國土幾乎是前秦的兩倍，而且占據的地區是原來北部中國人口最稠密、經濟最發達的地區。所以就人力物力而言，前秦遠遠比不上前燕。然而前燕的政治情況卻比前秦差得多。其內部鮮卑貴族擅權橫行的問題始終未能得到解決，並且自從慕容儁於西元三六〇年病死，其子慕容暐繼位後，統治集團日益貪圖享受，生活腐化。為了滿足自己的欲望，他們對民眾進行殘酷的剝削，社會矛盾也十分激烈。

建元五年（西元三六九年）四月，東晉桓溫伐燕，七月，桓溫軍到達枋頭（今河南浚縣西），鄴都震動。燕王慕容暐派人向前秦求救，並且答應割虎牢（今河南滎陽汜水鎮）以西之地給秦。當時前秦群臣反對救燕，王猛卻暗地向苻堅獻策，是為「先救後取」之計，即先出兵與燕共退晉軍，然後乘燕衰頹之時再取之，否則讓桓溫攻占了中原，則秦「大事去矣」。王猛的計策得到了苻堅的贊同，九月，燕、秦聯軍大敗晉兵，殺敵四萬餘人，桓溫狼狽逃歸。事後，前燕毀約不割地給秦，再加上當時大敗桓溫的北伐首領吳王慕容垂受到太后可足渾氏和輔政大臣慕容評的忌害，被迫逃亡到前秦，這樣，就給苻堅伐燕找到了藉口。

建元六年（西元三七〇年）六月，苻堅以王猛為統帥，率領六萬軍隊進攻前燕。出征時，苻堅親自送王猛到灞上，王猛胸有成竹地對苻堅說：「蕩平殘胡，如風掃葉，不勞陛下受風塵之苦，但請陛下速命臣下做好布置，安排鮮卑俘虜。」苻堅聽後大喜。王猛統領楊安等十將，戰士六萬人，與前燕執政慕容評率領的三十萬精兵展開決戰，面對五倍於己的勁敵，王猛毫無懼色，取南路一舉攻下壺關（今山西長治東南），活捉燕南安王慕容越，所過郡縣無不望風而降。北路由楊安率領進攻晉陽（今山西太原市南），但因寡不敵眾，兩個月過去了，還沒能攻下。王猛立即率軍馳赴晉陽助楊安一臂之力。到了晉陽，王猛馬不停蹄，繞城察看，迅速弄清了癥結所在，並想出了克敵妙策。他命令士卒連夜挖通地道，後又派壯士數百人潛入城中，大呼而出，殺盡守門燕兵，打開城門，秦軍蜂擁而入，轉瞬間奪取了晉陽，並活捉了前燕東海王慕容莊。

王猛連攻兩城後，十月，揮師南下，直趨潞川，與前燕大軍對峙。前燕大將慕容評認為王猛孤軍深入，糧草不濟，便想用「持久戰」來拖垮秦軍。誰知尚未開戰，王猛便派五千騎兵乘夜從小道繞至燕軍後方，放火焚燒了燕軍輜重，使前燕失去給養，無法持久。當時燕軍輜重被燒，火光衝天，一連數屍，連慕容暐在鄴城中都看到了，他急得發怒，立即派人到軍中，斥責慕容評貪生怕死，並促令出戰。慕容評無法，只好派人到王猛軍中，相約決一死戰，於是，秦燕之間的一場大戰開始了。

戰前，王猛列陣誓師，他慷慨激昂地說：「我王景略受國家的厚恩，兼任內外之職，今日與諸君一起深入賊地，大家都要奮力向前，有進無退，願各位同心併力，共立大功，以報答國家。在這次戰鬥中，如能克敵制勝，在朝廷中接受明主的封賞，回家與父母舉杯歡慶，那該是多麼榮耀，多麼值得自豪啊！」陣前呼聲如雷，群情激奮，士兵們義無反顧，打碎了鐵鍋，拋下軍糧，如狂潮般一齊向燕軍撲去。秦兵雖然數量少，但紀律嚴明，鬥志高昂，銳不可擋；燕兵雖然在數量上占優勢，但軍心渙散，並且士兵長久以來受到惡劣的待遇，飽受飢寒之苦，誰肯賣命？兩軍相交，從清早廝殺到中午，燕軍被殺被俘的達五萬餘人，大軍漸漸潰散。秦軍乘勝追擊，燕軍投降的又有十萬餘眾，主帥慕容評單騎逃走。就這樣，燕國四十萬主力軍隊被王猛的六萬秦軍澈底消滅了。

在與前燕的這場潞川決戰中，王猛表現出過人的度量，通權達變和善於馭下等方面的高水平，曾被北魏史學家崔鴻讚不絕口。當時被派往偵察敵營的秦將徐成歸來誤期，王猛要以軍法從事，大將鄧羌替徐求情，未被允准，鄧便回營整隊要反攻王猛。一向執法如山的王猛出人意料地「枉法」赦徐，並讚揚鄧羌說：「將軍對同郡部將尚且如此仗義，何況對國家呢？我不再憂慮敵人了！」開戰之後，王猛命令鄧羌衝闖敵軍密集處，不料鄧羌又討價還價地說：「如果答應給我一頂司隸校尉的烏紗帽，那麼你就放心吧！」王猛感到很為難，鄧羌便跑回營帳蒙頭大睡。於是，王猛馳馬徑入鄧營，答應了他的條件。鄧羌樂得折身跳起，捧起酒罈子「咕嘟咕嘟」大喝了一頓，然後躍馬橫槍，與猛將徐成、張蚝等直撲敵陣，往來衝殺，如入無人之境，最終取得了戰鬥的勝利。鄧羌徇私求情，擾亂軍法；欲攻主帥，目無上級；臨戰求位，等於要挾國君，三者有其一，便該砍頭，何況王猛一向從執法如山聞名於世。但是王猛容忍了鄧羌之短，而調動了鄧羌之長，結果大獲全勝。

潞川大捷後，王猛乘勝揮師東下，馬不停蹄，包圍了燕都鄴城。鄴城附近原先劫盜公行，這時變成了遠近清靜。王猛號令嚴明，官兵無人敢犯百姓，法簡政寬，燕民無不額手相慶，奔走相告。同年十一月，苻堅親率十萬大軍趕往鄴城會師。將到鄴城，他把軍隊駐紮在安陽（今河南安陽，位於鄴城之西），停留了兩天。王猛聞訊，悄悄趕到安陽，親自迎接。苻堅責備地說：「過去周亞夫駐軍細柳，漢文帝親往勞軍，亞夫不出營門，世人稱為名將。如今大敵當前，你怎麼可以丟下軍隊來見我？」王猛回答道：「周亞夫那樣對待君主，我向來不大贊成。如今的形勢，由於陛下的神機妙算，敵人已經垂於死亡，是不必多慮的。但是陛下親臨陣前，萬一有什麼不虞之事，國家將如何是好？所以我不可不來接駕。」

就王猛而言，苻堅對自己雖然十分信任，但畢竟是君臣關係，這種頗為微妙的關係使得苻堅對王猛在信任之餘也絕非沒有戒心。王猛對苻堅表示出極其恭謹的態度，絕無絲毫居功自傲之意，也就消除了苻堅的顧慮，從這裡可以看出王猛極為謹慎、善於自處的一面。秦軍會師後，很快攻破鄴城。燕王慕容僅率數十騎逃走，又被秦兵追及，當了俘虜，從此，前燕滅亡了，前秦統一了整個黃河流域。

滅燕之後，苻堅給王猛加官晉爵，封他為清河郡侯，又任為冀州牧，留鎮鄴城，苻堅把關中六州，即原來燕國的中南部，都交給他治理。六州範圍內的一切事務均由他決定，並可自行選擇人才，委派各州郡的長官，只要事後把結果報告朝廷，取得正式任命即可。這對王猛表示了充分的信任。王猛上書謙讓，苻堅不准，這才接受下來。

王猛鎮守鄴城期間，採取了各種辦法，安定民心，發展生產，鞏固前秦對這片疆土的統治，其中最重要的一條措施就是把大量鮮卑貴族和其他豪強富室統統遷往關中安置，其主要目的是迫使前燕王朝的上層脫離自己的根據地，無法東山再起。同時也減輕了當地人民所受的種種壓迫和剝削，這對恢復生產是非常有益的。

安定了關中六州後，王猛又被召回長安。苻堅委任他為丞相，中書監，尚書令，太子太傅，司隸校尉，不久，又加任都督中外諸軍事，苻堅幾乎把所有的權力都交給了王猛一個人，當然最後的決定權仍在苻堅手裡，王猛只是為他具體管理國家。此後，前秦軍事、內政、外交諸方面的一切事務，無論鉅細，都要經過王猛處理。有一次苻堅對王猛說：「我得到你，就好像周文王得到姜太公一樣。」從中可見他對王猛的信任和器重。

王猛回到長安後，又幫助苻堅解決了殘存於西北等地的割據勢力。當初王猛大敗張天錫時，曾俘獲其將陰據及甲士五千人，這時他派人送他們回去，並捎去給張天錫親筆信一封。王猛在信中引古論今，透闢地分析了天下大勢和涼國的危險處境，勸張怡翻然悔過。張天錫見信後大為恐懼，寢食不寧，終於向前秦謝罪稱藩。接著，隴西鮮卑乞伏部、甘青之間的吐谷渾也都臣服於秦。西元三七三年至西元三七四年，秦又定巴蜀及其以南的地區，大抵統一了北方，十分天下，秦居其七。

五、勞瘁而死，遺計安邦

王猛積勞成疾，終於在建元十一年（西元三七五年）六月病倒了。苻堅親自為他祈禱，並派侍臣遍禱於名山大川，碰巧王猛病情好轉，苻堅便欣喜異常，下令天下大赦。王猛感激不盡。曾上疏道：「想不到陛下因賤臣微命而虧損天地之德。自開天闢地以來絕無此事，這真使臣既感激又不安。臣聽說報答恩德最好的辦法是盡言直諫，請讓我謹以垂危生命，敬獻遺誡。陛下威烈震懾八方荒遠之地，聲望德化光照六合之內，九州百郡，十居其七；平燕定蜀，如拾草芥。然而善作者未必善成，善始者未必善終，所以，古來明君聖王深知創業守成之不易，無不戰戰兢兢，如臨深淵。懇請陛下以他們為榜樣，則天下幸甚。」

七月，王猛病危，苻堅向他詢問關於未來的決策。王猛對苻堅說：「晉朝雖然僻處江南，但為華夏正統，而且上下安和。臣死之後，陛下千萬不可圖滅晉朝。鮮卑、西羌降伏貴族賊心不死，是我國的仇敵，遲早要成為禍害，應逐漸剷除他們，以利於國家。」說完便停止了呼吸。苻堅三次臨棺祭奠慟哭，對太子苻宏說：「老天爺是不想讓我統一天下呀，怎麼這麼快就奪去了我的景略啊！」於是，按照漢朝安葬大司馬大將軍霍光那樣的最高規格，隆重地安葬了王猛，並追謚王猛為「武侯」。

王猛死後，苻堅恪遵王猛遺教，兢兢業業處理國事，著重抓了擴大儒學教育和關心民間疾苦兩件大事，並且都大有成效。其後，苻堅又迅速滅掉前涼和代國，完全實現了北方的統一。遺憾的是，苻堅沒有聽從王猛的臨終遺言，在滅西涼、代國之後，便自恃兵力超過東晉，輕率地於西元三八三年率八十餘萬大軍進攻東晉，結果在淝水之戰中一敗塗地。而王猛叮囑再三地要苻堅除掉鮮卑、羌族上層陰謀分子，如慕容垂、慕容沖、姚萇之流，因為未能除掉，這時便乘機造反，紛紛割據自立。建元二十一年（西元三八五年），苻堅被姚萇殺害，年僅四十八歲。九年之後，前秦便滅亡了。

十六國時期，北部中國戰亂不已。王猛輔佐苻堅，一度實現了北方的統一，並採取了進步的措施，在一定程度上恢復了生產，使人民的生活比較安定，雖為時不久，但功績不可抹殺。王猛作為前秦的執政者，在促進氐族及其他少數民族吸收漢文化，從而促進中原各民族大融合方面，也是起了一定作用的。王猛的臨終遺言，寥寥數語，卻都關係到前秦國家的興衰存亡，可謂一言九鼎，勝過千言萬語。他死後的歷史結局完全證實了他非凡的遠見。

本文主要資料來源：《晉書》卷一一四，〈王猛傳〉；《南史》卷二四，〈王猛傳〉。

敢「獻納忠讜」致「貞觀之治」

魏徵傳

楊廣才

唐太宗貞觀年間（西元六二七年～西元六四九年），政治修明，社會安定，經濟繁榮，人口增加，出現了中國封建社會前所未有的太平盛世，史家稱譽為「貞觀之治」。提起貞觀之治，人們便會想到那位不斷獻納忠讜，被唐太宗稱為一面「鏡子」的著名人物——魏徵。

魏徵是隋末唐初傑出的政治家，唐太宗統治集團的主要謀士。他殫精竭慮輔佐唐太宗十七年，不斷提醒唐太宗以亡隋為鑑戒，偃武修文，勵精圖治。他多次犯顏直諫，面折廷爭，糾正或阻止了唐太宗許多錯誤行為和主張，為貞觀之治的形成做出了傑出的貢獻。他的言論和事蹟被載入史冊，他與唐太宗的關係也被後世奉為君臣遇合的楷模，傳為美談。

一、出身孤貧，大器晚成

魏徵（西元五八〇年～西元六四三年），字玄成，鉅鹿下曲陽（今河北晉州市）人。於北周靜帝大象二年（西元五八〇年）出生在一個日趨沒落的封建官僚家庭。他的曾祖父、祖父都是讀書人出身，做過太守、刺史一類的官。他的父親魏長賢，學識淵博，品德清正，北齊時曾任著作郎（掌編纂國史）。由於對當時的腐朽政治不滿，曾上書批評朝政，得罪於權貴，為當道所不容，被貶為屯留縣令。後憤而告病辭官，閒居終老，剛毅的性格潛移默化地遺傳給了兒子魏徵。

由於父親去世較早，且生前久已辭官，斷絕了經濟來源，所以魏徵的童年時代是比較貧寒的。但他自幼志向遠大，胸襟開闊，不以家貧為念，酷愛讀書學習。由於家學淵源，魏徵在青年時期就已博涉經史。為了進一步開擴眼界，切磋學問，他還到過河汾間（今山西省西南部地區），向當時著名的鴻儒王通求教。

當魏徵學業有成，準備踏上社會做一番事業的時候，卻正值隋王朝政治昏暗、社會危機四伏的嚴峻時期。隋煬帝驕奢淫逸，侈靡無度，大興土木，四處巡遊，搞得民不聊生，怨聲載道。魏徵眼見煬帝失道，民心盡喪，剛剛建立二十幾年的隋王朝雖然表面上還團花簇錦，但實際上卻如將傾之大廈，已從根基上發生了動搖。他不願助紂為虐，更不願成為隋王朝的殉葬品。因此，他不得不暫時放棄了求仕從政的打算，而選擇了另外一條道路——出家當了道士。

魏徵的出家，並不是所謂識破紅塵，從此甘做方外之人。他內心那種出將入相、治國平天下的宏遠之志從來就沒有消沉過。他之所以出家當道士，只不過是在當時特殊的歷史環境下，採取的一種全身遠害的權宜之計罷了。他憑藉豐厚的學識修養和靈敏的政治嗅覺，預感到隋煬帝倒行逆施的殘暴統治不會久長，一場政治上的暴風雨即將來臨。但是，這場暴風雨究竟在什麼時候，以什麼方式來臨，又會向什麼方向發展，他還不能預測。他不想在形勢還不明朗的情況下過早地、盲目地捲入這場風暴。他需要找一個暫時躲避政治風雨的安靜環境，以便在這裡養精蓄銳，靜觀待變，於是他選擇了道觀。

魏徵在道觀裡度過了十幾年出家人的生活。這期間，他採取了一種以守為攻的積極的人生戰略。他一方面繼續認真讀書，以史為鑑，探究治亂之本，為將來建功立業積蓄力量。另一方面，則密切注視著社會形勢的變化，審慎地思考著自己下一步的行動。鑑於時局已處於天下大亂的前夜，他還特別注意研究了「縱橫之術」。

在魏徵出家後的這段時間裡，隋王朝的政治形勢更進一步惡化。隋煬帝在對國內人民橫徵暴斂的同時，為了炫耀武力，從大業八年（西元六一二年）開始，連續發動了大舉進攻高麗（今朝鮮）的不義之戰。繁重的兵役、徭役逼得人民實在無法生活下去了，終於爆發了全國性的農民大起義。與此同時，各地的豪強和地方官吏，眼看隋王朝大勢已去，朝不保夕，也紛紛乘機而起，擁兵自重，割據一方，企圖趁亂奪取天下。有的則獻地納糧，投靠農民起義軍。天下大亂的局面已經形成，反隋鬥爭的烈火在全國範圍內燃燒起來了。

社會形勢的急劇變化，激盪著魏徵那顆本來就很不平靜的心，長期埋藏在心中的那種建功立業的強烈願望，促使他邁出了政治生涯中重要的一步。大業十三年（西元六一七年）九月，魏州武陽郡（今河北大名縣東）郡丞元寶藏起兵響應李密領導的瓦崗軍，召魏徵擔任書記（掌起草公文）。於是，魏徵便同元寶藏一起，加入了農民起義軍的行列。這一年，他三十八歲。

二、相時而動，初試鋒芒

魏徵在元寶藏軍中積極參與謀劃，並代元寶藏向李密上書，建議他率領部隊西取魏郡（今河北臨漳），然後會同南面的瓦崗軍其他將領，攻占黎陽倉（故址在今河南浚縣西南）。李密接書大喜，即命元寶藏為魏州總管，並封他為上柱國、武陽郡公，魏徵又代元寶藏寫了謝啟。李密每接到元寶藏的文書，無不稱讚其精闢的見解和精妙的文辭，當得知這些文書都是出自魏徵的手筆時，馬上就召見他，讓他做了行軍元帥府文學參軍、掌記室（負責起草公文）。

瓦崗軍很快就攻下了黎陽倉，連同這之前攻占的興洛倉、回洛倉，共掌握了隋王朝的三大糧倉，不但解決了自身的軍糧問題，並且使隋軍陷入了缺糧的困境。同時，瓦崗軍又開倉濟貧，打開一口口的糧窖，讓窮苦農民任意取拿。老百姓十分感激，紛紛投奔瓦崗軍，起義軍隊伍迅速壯大，很快發展到幾十萬人。在戰鬥中又繳獲了隋軍大量的馬匹、武器，可謂兵精糧足，因而成為當時實力最強、影響最大的一支隊伍。魏徵懷著滿腔熱情，向李密進獻了《十策》，全面分析了當時全國的形勢，對瓦崗軍今後應採取的戰略提出了建議。他認為，應該分清敵友，分清主次，聯合友軍協同作戰，分化敵軍各個擊破，並提出了具體的行動方案。李密看後連稱是奇謀，但卻並未採納。這李密志大才疏，缺乏深謀遠慮，在取得了一些勝利之後，便沾沾自喜，漸漸驕傲起來，儼然以天下盟主自居。

這時全國的政治形勢發生了很大變化，隋王朝禁軍首領宇文化及在江都發動兵變，縊殺隋煬帝，率軍北上，聲言欲還長安。此時已占領長安的李淵聞訊後，則先下手為強，廢掉了原先擁立的傀儡隋恭帝楊侑，自立為帝，改國號為唐，建元武德，是為唐高祖。隋東都守將王世充見隋朝無主，也在覬覦帝位，妄圖先掃清河南境內的農民起義軍，再向全國發展，於是瘋狂地出兵鎮壓瓦崗軍。

瓦崗軍奮力迎戰王世充，一舉擊退了他的進攻，殺傷數萬人，迫使王世充退回東都，堅壁不出。但時隔不久，宇文化及又率十萬大軍趕到，來戰瓦崗軍。這宇文化及是隋朝名將，他所率領的御林軍裝備精良，作戰經驗豐富，瓦崗軍浴血奮戰，雖然打敗了宇文化及，但自己的傷亡很大，損失慘重，李密也中箭負傷。而在這時，狡猾的王世充見瓦崗軍虛弱疲憊，又乘機反撲過來。

李密召集軍事會議商討對策，大多數將領見瓦崗軍連續兩次挫敗官軍，滋長了盲目輕敵的情緒，主張給予王世充以迎頭痛擊。魏徵則主張採取以守為攻的戰略，深溝壁壘，暫避其銳氣，然後伺機反攻。但人微言輕，根本未引起重視。李密採納了大多數將領的意見，立即布置迎敵。

魏徵從瓦崗軍的前途考慮，心中非常著急，會後又謁見軍中長史（行軍元帥府的輔佐，主管軍事）鄭頲，向他分析了當時的形勢：「我軍雖然取得了兩大戰役的勝利，但將士傷亡很大，且連續作戰，部隊沒來得及休整，戰後又未及時論功行賞，所以士氣不高。今東都缺糧，世充計窮，故其來勢兇猛，意在速戰，可謂『窮寇難與爭鋒』。我軍宜深溝壁壘，拖延時日，待敵人糧盡，必不戰自退，我軍再追而擊之，可大獲全勝。」在當時的情況下，魏徵的建議無疑是十分正確的。然而鄭頲非但未能接受，反而譏諷說：「此老生之常談耳！」魏徵爭辯說：「這正是深謀遠慮的制勝奇策，怎能說是老生常談呢？」氣得拂袖而去。

由於李密、鄭頲沒有採納魏徵的正確意見，犯了輕敵的錯誤，不設壁壘，全面出擊，結果瓦崗軍一戰即潰。兵敗如山倒，慌亂之中，李密來不及檢點軍馬，帶著殘兵敗將西入關中，投奔了唐高祖李淵。魏徵也隨李密一起，來到唐政權的京都長安。

魏徵來到長安後的所見所聞，使他耳目一新。李唐政權不但政府機構完備，而且府庫充足，文臣武將，人才濟濟，軍紀嚴明，訓練有素，與瓦崗軍的組織渙散簡直不可同日而語。特別是李淵的老謀深算，他幾個兒子的驍勇善戰、雄才大略，都使魏徵產生了一種似曾相識、意氣相投的信任感。以他儒家的正統觀點看來，這才是帝王之相。因此，這時魏徵已打定主意，將自己今後的政治前途寄託在李淵父子身上了。但自己初來乍到，寸功未立，且地位卑微，又無人引薦，縱有經天緯地之才也無由施展。魏徵認為，要想取得李唐政權的信任，提高自己的政治地位，必須積極尋找立功機會。這時，他得知不久前在與王世充的激烈戰鬥中，瓦崗軍雖然受到重創，但並未全軍覆沒，有些瓦崗舊將仍在山東一帶活動，抗擊著隋軍。於是魏徵向李淵提出，自請出使山東（唐人稱山東，泛指崤山、函谷關以東廣大地區，包括今河南、河北、山東一帶），說服瓦崗舊部歸唐。李淵對他的建議十分重視，即命他為祕書丞（唐中央機構祕書省的官員），派他出使山東。

魏徵對李淵的信任與破格提拔非常感激，離開長安奔赴山東黎陽。此時瓦崗軍的大將徐世還在忠實地為李密守衛著地方，魏徵便以老朋友兼唐政權使者的身份，給徐世寫了一封信。信中發揮他縱橫家的辯才，陳說利害得失，曉之以理，動之以情，勸世審時度勢，及早歸唐。其大意是：當初魏公李密擁數十萬之眾，威震大半個中國，只因一時失策，竟被手下敗將王世充所擊潰，終於歸唐，此所謂天命不可違也。今天下大亂，人心難測，且將軍正處於兵家必爭之地，孤立無援之勢，北有竇建德幾十萬大軍虎視眈眈，西有王世充乘勝之師躍躍欲試。因此必須迅速抉擇，當機立斷。如果將軍現在歸唐，當不失拜將封侯、封妻蔭子；若再遲疑，一旦有變，則前功盡棄，悔之晚矣！世接信後經過認真思考，認為魏徵對形勢的分析很有道理，決定率所部二十萬人馬歸唐。於是派遣使者將各郡縣的戶口名冊送給李密，請他自呈給李淵，並開倉運糧，供應李淵的堂弟、淮安王李神通的部隊。接著，魏徵又說服魏州舊友元寶藏，也率部下歸降了唐政權。

正當魏徵順利地完成了說降任務，懷著喜悅的心情準備返回長安時，唐武德二年（西元六一九年）十月，河北農民起義軍領袖竇建德突然率軍攻陷黎陽，魏徵尚未來得及離開，遂被俘獲。此時竇建德已建立了夏國，自稱夏王。建德素聞魏徵之名，任命他為夏國的起居舍人（負責侍從皇帝，記錄其言行），魏徵身不由己，不得已暫時做了唐政權的叛臣。直到武德四年（西元六二一年）五月，李世民率唐軍大敗竇建德，魏徵才得以趁亂逃回長安。太子李建成為了擴大自己的政治勢力，召魏徵為洗馬（東宮屬官，主管經籍圖書工作）。

在統一全國的大業取得基本勝利之後，唐政權內部的矛盾也逐漸暴露出來。以太子李建成為首的東宮集團，和以秦王李世民為首的秦王府集團，圍繞皇位繼承權問題，展開了激烈的明爭暗鬥。按照封建禮教的規定，只有皇帝的嫡妻所生的兒子才可繼承皇位。李淵的嫡妻竇皇后共生四子，依次是建成、世民、元霸、元吉。其中元霸早亡，剩下的三個兒子中，就數李世民戰功最為卓著。當初謀劃太原起兵，世民起了重要作用，而建成、元吉其時正留守河東，並未直接參與其事。後來入關時，雖是由建成、世民分領左、右軍大都督，但無論是謀劃指揮，還是衝鋒陷陣，建成總是比世民略遜一籌。李淵稱帝後，建成因為是嫡長子，被立為太子。太子是一國之「儲君」，需要經常留在皇帝身邊習理朝政，所以領兵征戰之事多由世民擔任，這就在客觀上為世民建立功勛創造了條件。由於世民屢建奇功，且又手握兵權，身兼丞相之職，其政治地位和社會威望都在逐漸提高，這就不能不對建成的政治地位造成威脅。為了與世民相對抗，建成先是與其四弟齊王元吉結為死黨，共同對付世民。他又拉攏了李淵最寵信的宰相裴寂、中書令封德彝等權臣，並利用其長期留居長安宮中的條件，收買、籠絡了李淵的大部分嬪妃。再加上建成是太子，是皇位的合法繼承人，所以，在朝廷的上層集團內部，建成實際上處於優勢地位。為了以後宮廷鬥爭的需要，雙方各自加緊網羅人才，培植勢力。魏徵就是在這種情況下被拉入東宮集團的。

魏徵清醒地意識到，建成與世民的奪權鬥爭是不可調和的。而且，隨著時間的推移，手握重兵的李世民，對太子建成的政治威脅會越來越大，為了維護建成的皇位繼承權，也為了自己今後的政治前途，魏徵多次勸建成及早除掉世民，以絕後患。同時，鑑於李世民「功蓋天下，中外歸心」，魏徵勸建成積極尋找機會建立功勛，以擴大政治影響。所以，當劉黑闥重新起兵時，魏徵極力勸建成親自率兵鎮壓。

這劉黑闥原是竇建德的部將，李世民於武德四年（西元六二一年）五月大敗竇建德並將其殺害後，對其餘部採取了殘酷鎮壓的政策，迫使建德舊部鋌而走險，推黑闥為首領，重新聚眾起事，與唐廷相對抗。黑闥勇猛善戰，很快便盡復建德地盤，給唐王朝的統一大業造成很大威脅。這時建成接受魏徵的勸告，向李淵請命，親自率兵征討，魏徵隨行。由於魏徵曾在竇建德軍中生活過一個時期，瞭解農民的疾苦和要求。他認為這支武裝之所以東山再起，其原因在於唐王朝政策的失誤。因此他對建成說：「當初破建德軍後，對其部將皆懸榜搜捕，並將其親屬投入監獄，故其部眾散而復聚，拚死頑抗。此次出征，不必大動干戈，只須將囚俘釋放，並加以寬慰，則黑闥軍可不戰自潰。」建成採納了魏徵的建議，改用安撫政策，將俘虜全部放回，並宣布只要以後不再和朝廷對抗，即可不予追究。這樣一來果然奏效，農民在經歷了十幾年戰亂之後，都希望過安定的生活，因此黑闥部下大多叛逃，回鄉務農，剩下的被唐軍打得大敗，黑闥僅帶數百人逃奔突厥。途中，其部下發動兵變，將黑闥綁了送給建成軍，建成斬黑闥於洺州。至此，唐王朝在山東一帶的統治才穩定下來。建成又乘機在山東結納豪傑，培植親信，為日後奪權鬥爭作準備。

此後不久，唐王朝得以集中兵力，擊敗了長江以南的農民起義軍和各地割據勢力，於武德七年（西元六二四年）取得了統一全國戰爭的勝利。隨著唐王朝統一戰爭的結束，建成與世民之間爭奪皇位繼承權的鬥爭日趨激烈。建成、元吉串通後宮嬪妃，不斷製造謠言，在李淵面前詆毀、陷害世民，挑撥李淵與世民的關係。與此同時，還採取多種手段，拉攏、收買以及斥逐、調離秦王府的得力部將，企圖削弱李世民的勢力。更有甚者，他們還三番五次地下毒手謀殺李世民。這時，不但李世民的人身安全受到嚴重威脅，就連唐王朝的命運也吉凶未卜。在這生死存亡的緊要關頭，武德九年（西元六二六年）六月四日，李世民在玄武門突然發難，格殺建成、元吉，這就是歷史上著名的「玄武門之變」。李世民發動這次事變，對他個人來說是必要的自衛，對國家來說是有利於大局的行動，使唐王朝避免了一次大分裂、大內戰。

事變發生後，唐高祖李淵見事已至此，也無可奈何，只得立李世民為皇太子。並下詔書說：

今後凡軍國之事，事無大小，均委太子裁決，然後奏聞。事實上，李淵已把全部權力移交給了李世民。

李世民立即著手處理玄武門之變的善後事宜。由於魏徵曾多次勸建成除掉世民，所以李世民首先把魏徵召來，一見面就十分嚴肅地責問道：「你為何離間我們兄弟？」當時在場的大臣們以為李世民宿怨未解，要趁機殺掉魏徵，都暗暗為之擔心。想不到魏徵卻舉止自若、不亢不卑地從容答道：「先太子如果早聽了我的話，必不致有今日之禍，我不過是忠於職守，又有什麼錯呢？」李世民一向器重魏徵的才幹，今見他臨危不懼、鎮定自若，不禁為他的過人膽識和剛直性格所折服，更增加了幾分敬意。因此他非但沒有生氣，反而改變了態度，和顏悅色地說：「事情已經過去了，以後大家都不要再提了！」並任命魏徵為詹事主簿（主管太子府文書簿記、掌印鑑）兼諫議大夫（屬門下省，掌侍從規諫）。

由於長期宮廷鬥爭的結果，原東宮集團與秦王府的下屬之間積怨甚深，懷有強烈的對抗情緒。玄武門事變發生後，原東宮集團的餘黨四散潰逃，潛伏在長安周圍，形成一種社會不安定因素。秦王府有些將領，主張乘勝將東官集團的餘黨一網打盡，並抄沒其家產。李世民認為，那樣做必然會激化矛盾，影響政局的穩定，因而決定採取明智的安撫政策，以消除敵對情緒。在魏徵的啟發下，李世民認識到：原東宮集團的成員幫助建成、元吉做事，那不過是各為其主、忠於職守的表現，是無可非議的。現在建成、元吉已除，這些人正處在「皮之不存，毛將焉附」的境地，只要使用得當，他們是可以轉而為新政權效力的。他們既為新政權所用，則對抗情緒自然消除。因此，李世民一方面以李淵的名義發布詔書，說：「叛逆之罪，只在建成、元吉二人。今凶逆已除，其餘一概不予追究。」一方面在原東宮、齊王府部屬中，選拔有才有德之士，加以任用。這樣一來，迅速穩定了長安附近的局勢。但建成、元吉在山東一帶的黨羽，聽說二人被誅，又不知詳情，紛紛驚懼不安，有的人甚至蠢蠢欲動，思謀叛亂。這時，魏徵對李世民說：「看來如果不以公心昭示天下，恐不能澈底消除禍患。」李世民對魏徵的建議深為贊同，即派魏徵為特使，赴山東宣布詔書，進行安撫，並特許他遇到事情可自行靈活處理。

魏徵等人行至途中，恰遇地方官吏押送原東宮舊將李志安、齊王府舊將李思行去京城長安。魏徵認為這不符合詔書精神，因而命令他們立即釋放。魏徵這樣做，確實是冒了一定風險的。因為他的任務只是去山東宣布詔書，至於這兩個人如何處置，按說不在他的職權範圍之內，應等押送至長安後，由李世民親自決定。何況，魏徵本人畢竟是一個降臣，他的做法會不會引起李世民的懷疑呢？魏徵看到，不但押送的官吏遲遲不願執行命令，連他的隨行人員也都面面相覷，猶豫不決。因此對副使李桐客說：「我們受命出京之時，原東宮、齊王府的官員均已被赦免。今若再押送此二人進京，誰還能相信朝廷的政令？眾人既然不信，我們去山東宣布詔書還有什麼作用？此正所謂差之毫釐，失之千里。我們既為特使，不可只顧避個人的嫌疑，而不為國家考慮。況且，此次出使，曾特許我相機行事，太子既然這樣信任我，我又怎能不傾心相報呢？」於是，他仍堅持把兩個人釋放了。此事傳開之後，原東宮、齊王府的餘黨奔走相告，人心大定。魏徵一路宣布赦免詔書，山東一帶的形勢隨之安定下來。魏徵圓滿完成任務回到長安，將此事向李世民作了匯報，世民非常讚許。由此以後，李世民對魏徵更加信賴，並不斷委以重任；魏徵則竭忠盡慮，知無不為，從而開始了他政治生涯中最為輝煌的時期。

三、君臣相得，宏圖大展

武德九年（西元六二六年）八月，唐高祖李淵退為太上皇，正式傳位於太子李世民，是為唐太宗。

唐太宗即位之初，全國經歷了自隋末以來十幾年的戰爭動亂，經濟遭受嚴重破壞，各地水旱災害頻仍，社會矛盾尚未緩和，民心也還不十分安定。如何醫治戰爭創傷，成為當時迫切需要解決的問題。

有一次上朝時，唐太宗問群臣：「今承大亂之後，恐怕百姓不容易教化吧！」魏徵啟奏道：「其實不然。國家久安，則百姓驕奢安逸，貪圖安逸就難於教育；飽經戰亂，則百姓愁苦憂慮，心懷愁苦就易於感化。這就好比給餓得很厲害的人飯吃，給渴得很厲害的人水喝，他們是很容易接受的。」宰相封德彝不同意魏徵的看法，說：「三代以後，世風日下，人心漸漸變得刻薄偽詐。所以秦朝注重刑罰，漢代則雜用霸道，他們非不欲實行教化，實在是欲實行教化而不能。魏徵所言，乃書生之見，若信他那一套虛論，必敗國家！」魏徵針鋒相對地駁斥道：「五帝、三王實行教化，也並沒有更換百姓，黃帝戰勝蚩尤，顓頊除掉九黎，商湯驅逐夏桀，周武王討伐殷紂王，都能使天下太平，這些不都是承大亂之後嗎？如果說古人淳樸，後來人心漸漸變得刻薄偽詐，那麼時至今日，人們必當都化為鬼魅了，皇上還怎麼能統治呢？」

這場爭論的實質，是究竟實行「王道」，還是實行「霸道」來統治人民的問題。封德彝主張採用高壓統治，實行嚴酷刑罰和嚴厲鎮壓的辦法，即所謂霸道。魏徵則主張寬刑簡法，實行儒家以誠信仁義治天下的辦法，即所謂王道。在當時，魏徵的主張顯然符合人心思定的實際情況，有利於緩和社會矛盾及恢復和發展生產。唐太宗權衡了當時的形勢，採納了魏徵的意見。

此後，唐太宗又多次將魏徵召入內宮，談今說古，討論為政之道，探究治國之策。魏徵則知無不言，言無不盡，從內政、軍事、刑法、禮義等各個方面陳述得失，先後向唐太宗進獻了兩百多條建議，均為唐太宗欣然採納，對貞觀年間的政治頗多裨益。在魏徵的幫助下，唐太宗堅定了信心，確立了偃武修文、以誠信仁義治天下的施政總方針。

唐太宗即位後不久，又任命魏徵為尚書右丞（唐代最高執行機關尚書省的官員），參與尚書省政務，並仍兼諫議大夫。魏徵在短短幾個月之內不斷升遷，遂至顯位，這使他感到振奮。回想自己命運坎坷，蹭蹬半生，如今年近半百，才喜逢知己之主，自己的政治抱負和傑出才能有了得以充分施展的機會，因此他對唐太宗十分感激，決心忠於職守，殫精竭慮，輔佐他成就帝王之業，以報知遇之恩。

魏徵認為，民心的向背，是決定政權存亡的關鍵，一個政權要想鞏固，首先必須得到百姓的信任和擁護。因此，他在這一時期對唐太宗的規諫，多從取信於民的角度出發。武德九年（西元六二六年）十二月，唐太宗決定在全國徵兵。唐代法律規定：男子十六至十八歲為「中男」，十八歲以上成丁，始可徵召入伍。當時國家初定，人口稀少，徵兵比較困難。宰相封德彝建議說：「中男雖未滿十八歲，但身高體壯者，也可徵召入伍。」為了擴大兵源，唐太宗同意了，並且簽署了詔令。這顯然違背了兵役法，勢必會引起百姓的不滿，因此魏徵堅決反對，不肯在決定上署名。唐太宗接連派人送來四次，均被魏徵駁回。原來唐太宗曾經規定：為了避免和減少失誤，凡屬軍國大事、重要政令，必須由有關方面的六位大臣各自申述意見，並且署名後方能生效，稱為「五花判事」。現在魏徵拒不署名，這個決定便不能生效。唐太宗非常生氣，把魏徵召來，很不高興地責備道：「那些身高體壯的中男，並非真的不滿十八歲，而是有些人隱瞞年齡以逃避兵役。徵召他們入伍又有何妨？你為什麼這樣固執呢？」魏徵回答說：「陛下帶兵多年，當深知用兵之道，兵不在多，而在精。陛下徵健壯之士，只要訓練有方，足以無敵於天下，又何必多徵一些不夠歲數的弱小之人，以增加虛數呢？況且，陛下常說：『我以誠信治天下，要使官吏和百姓都不欺詐。』可是陛下即位才幾個月的時間，已經有好幾次失信於民了。」唐太宗很愕然，問道：「我什麼地方失信了？」魏徵說：「陛下即位之初，曾下詔書說：『凡拖欠官物的，一律免除。』但有關部門認為拖欠秦王府的租稅，不屬於官物，所以照樣徵收。陛下以秦王升為天子，秦王府的租稅，不屬官物又是什麼？詔書還說：『關中免二年租稅，關外免除傜役一年。』百姓蒙恩，無不歡悅。但時隔不久，又有命令說：『已經交納租稅和已經服役的，從來年開始。』結果不少地方退還給百姓之後，又重新徵收，百姓當然不能不感到奇怪。現在既徵收了租稅，又要徵兵，怎麼叫作『從來年開始』呢？再說，應徵者的年齡，地方官吏都很清楚，他們總不會與百姓通同作弊，欺騙國家吧！陛下治理天下，主要依靠各級官吏，平時各種政務，都委派他們辦理。現在臨到徵兵，卻懷疑他們有詐，這難道是以誠信治天下嗎？」唐太宗聽了，雖然覺得刺耳，但卻都是實情，因此高興地說：「原來我以為你太固執，懷疑你不懂政事。今聽到你議論國家大事，確實精闢之至，句句說到要害之處。如果政令不一，前後矛盾，百姓就無所適從，又怎麼能治理好國家呢？現在我才知道，我的過失是多麼嚴重啊！」於是下令停止徵十八歲以下的男丁為兵。

貞觀元年（西元六二七年），諸州紛紛奏稱嶺南（五嶺以南，今廣東、廣西一帶）酋長馮盎謀反。唐太宗大怒，下令發數十州之兵前往征討。魏徵認為國家初定，不便輕易用兵，且馮盎謀反證據不足，更不宜興師動眾，大加討伐。唐太宗說：「今告者不絕於路，已有數年，怎說是證據不足？況且馮盎已多年未來朝見，非反而何？」魏徵分析說：「馮盎若是謀反，必然分兵據險，攻州掠縣。今告者已有數年，而其兵不出境，正可說明其未反。諸州既疑其反，陛下又不遣使安撫，馮盎畏懼獲罪，故不敢入朝。現在如果發兵征討，正是促使其反叛朝廷。陛下若遣使臣前往撫慰，示以至誠，他見朝廷信任，必然樂於歸服，可化干戈為玉帛。」唐太宗將信將疑，採納了魏徵的意見，派遣使臣前往嶺南。果如魏徵所言，馮盎對朝廷的信任非常感激，恭恭敬敬地接待了使者，並派其子智戴隨使臣一同返回長安，以示永不反叛之意。唐太宗十分滿意地對群臣說：「魏徵勸我派遣一介使臣，而嶺南遂安，真可勝過十萬大軍！」

貞觀二年（西元六二八年），原隋朝通事舍人鄭仁基的女兒十六七歲，姿容絕代，才貌雙全。長孫皇后聽說後，請求將鄭女選入後宮，充當嬪妃。唐太宗很高興，於是聘此女為充華（女官名，九嬪之一）。就在詔書已下、尚未行聘之際，魏徵聽說鄭女早已許嫁陸爽，於是馬上謁見唐太宗，阻止此事。魏徵說：「陛下既然以誠信仁義治天下，就要體恤民情，以仁愛之心對待百姓。陛下姬妾成群，也應使百姓有室家之樂。今此女久已許人，陛下未經調查，即欲納入後宮，這與奪人妻女有何不同？此事如果傳揚出去，恐有損聖德，所以臣不敢不奏。」唐太宗聽後大驚，深深自責，遂下令停止行聘。但房玄齡、溫彥博等大臣，為了逢迎唐太宗和長孫皇后的心意，一齊上奏說：「鄭女許嫁陸爽，只是傳聞而已，並無真憑實據。今詔書已下，非同兒戲，大禮既行，不可中止。」陸爽也多次上表分辯說：「先父在世之日，與鄭家過從甚密，但並無婚姻之約。外人不知，妄有此說。」這使唐太宗頗為疑惑，問魏徵道：「大臣們這樣說，或許是為了承順我的旨意。但陸爽本人也頻頻上表，反覆推脫，卻是為何？」魏徵回答說：「依臣看來，這並不難理解。當初太上皇（李淵）剛進長安時，曾寵幸（實際是霸占）太子舍人辛處儉的妻子，恐處儉不滿，就把他逐出東宮，貶到萬年縣去了，致使處儉終日心懷恐懼，害怕被殺頭。現在陸爽的心情也是這樣，害怕陛下雖然暫時寬容，以後會暗中加罪於他。所以他反覆自陳，推脫說並無婚約，其用意就在這裡。」唐太宗笑著說：「你分析得很有道理，外面的人或許也是這麼看的。看來我只是口頭上說停止行聘，人們還未必相信。」於是再次下了詔書，鄭重宣布停聘充華之事，並且誠懇地作了自我批評，檢討了調查未詳的錯誤。這件事在當時廣為傳播，人們紛紛稱頌唐太宗的仁德。

魏徵不斷進獻忠言，參議朝政得失，深得唐太宗賞識，在朝廷中的威望越來越高。但因此也引起了一些人的妒忌，於是有人製造謠言，誣告魏徵包庇親戚，結黨營私。唐太宗派御史大夫溫彥博調查處理，結果並無其事。但溫彥博對唐太宗說：「魏徵平日舉止疏慢，不注意禮貌規矩，不能遠避嫌疑，以致遭到別人的誹謗。雖然他並無私心，但也有可責備之處。」經他一說，唐太宗也覺得，魏徵的所作所為，似乎有沽名釣譽之嫌。於是便讓彥博去責備魏徵，並說；「告訴他以後要注意禮貌規矩。」

魏徵無辜受到批評，敏感地意識到問題的嚴重性。他知道所謂「不注意禮貌規矩」，指的就是自己經常犯顏直諫，糾正唐太宗的過失。這說明唐太宗並未認識到虛心納諫的重要性，如果發展下去，便會走上自滿拒諫的道路。

過了幾天，魏徵謁見唐太宗，說：「臣聽說君臣上下，義同一體，自應同心同德，相互待以至誠。如果上下互相猜忌，置國家大事於不顧，只去計較禮貌規矩，便無人敢於諫諍。那麼國家的興衰也就很難說了，所以臣不敢遵旨。」唐太宗一驚，趕忙說：「對於那天的事，我已經很後悔了。」魏徵繼續說：「臣能夠奉事陛下，實乃三生有幸。但願陛下讓臣做一個良臣，不要使臣成為忠臣。」唐太宗感到很奇怪，問道：「忠臣、良臣有什麼不同嗎？」魏徵說：「所謂良臣，就是像堯、舜時代的稷、契、皋陶那樣，與君主同心協力治理國家，因而身獲美名，君受顯號，君臣同享榮華富貴。所謂忠臣，就像夏代的關龍逄、商代的比干那樣，對君主忠心耿耿，面折廷爭，但卻受到猜忌，因而身遭殺戮，君陷大惡，家國並喪，空有其名。」這番推心置腹的話，使唐太宗頗為感動。他誠懇地對魏徵說：「那天我讓彥博責備你的話，確實很不對。以後我一定不忘國家大計，你也要繼續直言相諫，不要因為這件事而有所避諱。」

這件事促使唐太宗反覆自省，經常思考魏徵關於「忠臣、良臣」的論述。有一次，唐太宗問魏徵：「作為一代君主，怎樣才能英明，怎樣就會昏庸？」魏徵回答說：「兼聽則明，偏信則暗。」並徵引大量史實指出：「堯、舜善於瞭解下情，兼聽各方面的意見，所以能成為聖明之君。秦二世偏信趙高，梁武帝偏信朱異，隋煬帝偏信虞世基，結果被封鎖矇蔽。及至天下大亂，兵臨城下，他們死到臨頭竟不得知，終於國破身亡。因此，君主應該虛心聽取各方面的意見，廣泛採納好的建議，才能使下情上達，不致為權臣所矇蔽。」

還有一次，唐太宗對侍臣們說：「最近我讀了《隋煬帝集》。我看隋煬帝這個人，學問也很淵博，也知道讚揚堯、舜，批評桀、紂，可是為什麼做起事來就相反了呢？」魏徵接口道：「作為君主，單靠自己天資聰明、學問淵博不行，還必須虛心聽取臣下的意見，這樣智者才能獻其謀，勇者也願盡其力。煬帝自恃才高，剛愎自用，對臣下好猜忌，聽不得不同意見，口裡說的是堯、舜的話，做的卻是桀、紂的事，所以直到最後滅亡，也沒有弄清亡國的原因。」唐太宗感嘆道：「前事不遠，我們都應該引以為戒啊！」由於魏徵不斷地勸諫啟發，唐太宗明確了納諫與治國的關係。這之後，他不但能虛心納諫，而且還「恐人不諫，導之使言」。在他的倡導與鼓勵下，諫諍蔚然成風，大大改善了貞觀初的政治局面。

經過幾年來的相處，魏徵非常瞭解唐太宗：他不但有勵精圖治的願望，而且有見賢思齊的要求，希望成為堯、舜般的聖明之君，留名青史。他最怕亡國，也許因為他是唐二世皇帝的緣故，他特別注意總結秦、隋二世而亡的教訓。他與群臣定有「論隋日」，專門討論隋朝的政治情況，分析其滅亡的原因。魏徵正是由於熟悉並掌握了唐太宗的這些心理特點，所以常常根據具體情況，廣徵博引，以古證今。一方面以堯、舜等古代聖君的美德，為唐太宗樹立榜樣，規範他的行為；一方面則以歷史上的暴君庸主，尤其是隋煬帝荒淫誤國的事例，提醒唐太宗引為鑑戒，糾正他的過失。因此每每能夠收到良好的效果。當時人評論魏徵的長處在於「恥君不及堯舜，以諫諍為己任」。其實，這正是魏徵的諫諍藝術。

魏徵既有辯才，又有膽識，每每敢於犯顏直諫。即使遇到唐太宗盛怒，他也神色不移，據理力爭，終於使唐太宗收斂了威風。因此，唐太宗對他既愛又怕，產生了一種敬畏情緒。唐太宗自幼習武，天生好動，如今做了皇帝，仍喜歡打獵和遊玩。魏徵便經常勸他要注意帝王之尊，勤政愛民，不要玩物喪志。唐太宗辯不過魏徵，只好口頭上答應，但有時心煩技癢，又難免故態復萌。有一次，魏徵謁見唐太宗，啟奏完畢之後，魏徵問道：「剛才臣進來時，見外面車馬盈門，整裝待發，聽說陛下要到南山遊玩，為何沒有去呀？」唐太宗笑著說：「實不相瞞，原來確有此意，恐怕你說，所以臨時決定不去了。」

有人進獻了一隻很好的獵鷹，唐太宗非常喜歡，經常架在胳膊上玩耍。有一次，正玩得開心，遠遠看見魏徵走來，急忙將獵鷹藏進懷裡。其實魏徵早已看見，但卻裝作不知道的樣子，來到唐太宗跟前，行過禮後開始啟奏。奏完一件，又是一件，故意拖延時間。唐太宗心裡雖然著急，但魏徵奏的都是國家大事，又不好阻止他，只好耐心地聽著，等到魏徵啟奏完畢出宮走了，唐太宗掏出一看，那隻心愛的獵鷹早已悶死了。

貞觀三年（西元六二九年），魏徵升任祕書監（祕書省長官，主管圖書典籍），參與朝政。這使他的經國之才有了更為廣闊的用武之地，他事無巨細，深謀遠慮，於朝政多有弘益。

魏徵不斷以「民為邦本，本固邦寧」、「水能載舟，亦能覆舟」的道理規諫唐太宗。同時，也鑑於貞觀初年經濟困難的嚴峻形勢，唐太宗實行了一系列去奢省費、輕傜薄賦、以農為本、與民休息的政策，偃武修文的治國方針得到初步貫徹。為了節省國家開支，減輕百姓的負擔，唐太宗對朝廷中的冗員進行了大刀闊斧的裁減，由武德年間的數千人，精簡為六七百人；並下詔放還宮女三千人，令其自嫁；還將御園內所有的鷹犬都放掉，下令禁止各地向宮中進貢珍寶異玩。為了不奪農時，政府推行了「以庸代役」的制度，農民交納一定數量的絹，即可免去應服的徭役，這就保證了農民可以有相對集中的時間從事農業生產。遇到荒年，除免徵受災地區的賦稅外，政府還組織災區百姓到未受災的州縣就食，共渡難關。這些都對緩和社會矛盾、安定民心起了良好的作用。所以，儘管貞觀初年水、旱、蝗等自然災害不斷發生，但百姓對朝廷毫無怨言，仍努力發展生產，民風淳樸，政局相當穩定。

貞觀四年（西元六三〇年），全國農業取得了大豐收，流散外地的人都回到家鄉，米價賤到每斗只賣三四個銅錢。東至大海，南到五嶺，到處呈現出馬牛遍地、商旅野宿、路不拾遺、夜不閉戶的太平景象。行人外出千里不用帶口糧，沿途皆有供給。社會秩序穩定，全國一年內判處死刑的才有二十九人。唐太宗高興地對大臣們說：「貞觀之初，眾人上書都說：對外應炫耀武力，征討四方；對內當獨斷專行，不可將權力委之臣下。唯魏徵勸我偃武修文，實行仁義，說：『國內既安，四方自服。』我採納了他的意見。如今國泰民安，海內康寧。周邊小國見我大唐強盛，紛紛要求臣服，他們的酋長都以當我的宮廷警衛為榮耀，他們的人民也以穿戴我大唐的衣冠為時尚。這些都是魏徵的功勞啊！可恨封德彝已經死了，要不然真該讓他親眼看看今天的盛況！」

但是，作為一代帝王，唐太宗追求奢侈的欲望是不可能真正得到抑制的。隨著唐王朝經濟形勢的不斷好轉，唐太宗滋長了愛好虛榮的鋪張作風。這年十二月，高昌（古國名，故址在今新疆吐魯番地區）王麴文泰來京朝見，西域諸小國也欲派遣使節，隨文泰一道前來進貢。唐太宗大喜，為了顯示大唐聲威，準備隆重接待，並派出特使到邊境迎接。魏徵勸諫道：「以前僅文泰來朝，備辦接待尚且花費甚大，今更加上西域十國之使節，其龐大隊伍不下千人。現在國家初定，邊境地區還比較貧困，必將給百姓造成不堪承受的負擔。不如讓他們作為客商往來，與邊境百姓互相貿易，這樣邊民可以得到實際利益，國家又可節省大批接待費用。」唐太宗覺得魏徵的話很有道理，於是下令停止遠迎，派人追回了使節。

貞觀五年（西元六三一年），由於唐王朝征服了突厥，解除了北部邊境長達數十年的邊患，同時，國內也連年獲得豐收，國力愈來愈加強大。有些大臣為了討好唐太宗，紛紛上表請求舉行封禪大典，唐太宗沒有答應。所謂封禪，就是古代帝王親自到泰山祭拜天地。在泰山頂上築壇祭天，報天之功，稱為封；在泰山腳下辟場祭地，報地之德，稱為禪。自秦始皇以來，只少數幾個帝王搞過這種名堂，實際上是藉機炫耀他們的文治武功。第二年，有些大臣又串通文武百官，集體上表請求封禪。開始，唐太宗頭腦還比較清醒，仍未答應，並說：「你們皆以封禪為帝王盛事，我卻不以為然。若天下安定，家家戶戶豐衣足食，雖不封禪又有何妨？以前秦始皇封禪，而漢文帝不封禪，後世難道以為文帝之賢不如始皇嗎？況且，祭告天地，在平地亦可，又何必登泰山之巔，封數尺之壇，難道只有這樣才能顯示其誠敬嗎？」但群臣仍請求不已，並說：「自古帝王，沒有誰像陛下這樣功蓋天下、澤被四方，國家也從來沒有像現在這樣強盛過，若不行封禪大典，恐會招來天怒神怨。」在眾人吹捧之下，唐太宗有些飄飄然起來，便欲答允。但魏徵卻堅決反對，這下可傷了唐太宗強烈的自尊心，他怒氣衝衝地一連提了六個問題質問魏徵：「你不同意我封禪，是因為我的功還不高嗎？」魏徵回答說：「很高了。」「我的德還不厚嗎？」「夠厚了。」「國內還未安定嗎？」「相當安定了。」「周邊小國還未臣服嗎？」「已經服了。」「糧食還未豐收嗎？」「大豐收了。」「預兆國家祥瑞的跡象還未出現嗎？」「也已出現了。」唐太宗說：「既然如此，為何不能封禪？」魏徵說：「陛下雖有這六條，但國家承大亂之後，戶口還遠未恢復，倉庫也還不夠充實，今陛下御駕東巡，文武百官，儀仗侍衛，隨從千乘萬騎，必然要花費大量的人力財力，恐怕沿途百姓難以承受如此繁重的負擔。」說到這裡，魏徵打了一個雖然非常通俗，但卻十分生動的比喻。「比如一個人，大病了十年，如今剛剛治好，遠未恢復原來的體力，但他就想挑一百斤米，日行百里，這顯然是做不到的。隋末之亂非止十年，對國家來說，簡直是一場浩劫。陛下是一個好醫生，幾年來醫治戰爭創傷，已大見成效。天下雖然太平了，但元氣尚未恢復；陛下功德雖高，但百姓受到的恩惠並不多。如果自以為大功告成，以此成績祭告天地，臣懷疑這是否合適。況且，若舉行封禪大典，周邊小國的酋長、使節必然前來觀光。如今河南以東廣大地區人煙尚稀，雞犬不聞，道路蕭條，這豈不是引外人入於腹心之地，示人以虛弱嗎？若要掩飾虛弱，粉飾太平，必然又要耗費更多的財力物力。這樣，即使連年免除賦稅徭役，也難以補償百姓的巨大損失。這分明是圖虛名而受實害的事情，以陛下之英明睿智，為何要這樣做呢？」聽了魏徵的分析，唐太宗怒氣全消，其時又適逢河南、河北有好幾個州發生水災，唐太宗便取消了封禪的打算，此後，終其一生，唐太宗未行封禪大典。

隨著唐王朝統治的不斷鞏固，唐太宗經常思考的問題是，如何使政權世世代代延續下去，永遠掌握在李氏宗嗣手中。於是，他想到了封建。所謂封建，即封邦建國的意思。古代帝王把爵位、土地分賜給親戚或功臣，使之在該區域內建立邦國，作為中央政權的屏障，捍衛皇室。相傳這種辦法始於黃帝，至周代其制度日趨完備。秦統一六國後，為了消除封建割據的禍根，廢除了分封制，實行中央集權下的郡縣制。漢代劉邦又實行了郡縣、分封相結合的制度，想借互相牽制的辦法，利用分封的王侯來維護中央政權。但時隔不久，就發生了吳、楚等七諸侯國叛亂的事件。漢景帝在平定七國之亂後，逐漸削弱各諸侯國的勢力，政權歸於中央，此後雖仍有封侯建國之事，但已非古代封建諸侯之制。後來隨著歷史的發展，經過歷代各朝不斷改革，分封制已名存實亡。到了隋唐之際，廢分封、行郡縣幾乎成為人們的政治常識。但唐太宗總結歷史經驗，卻錯誤地認為：周代實行分封制，所以統治了八百多年；秦朝廢分封行郡縣，結果二世而亡；西漢時呂后篡權，最終還是依靠宗室親王，才將權力收歸劉姓，從而延續了四百多年。此後歷代王朝迭相更替，均未久長，特別是盛極一時的隋王朝，竟然眾叛親離、頃刻瓦解。他認為這都是未行分封制的結果。因此，他覺得似乎只有實行分封制，才是子孫相承、萬世相繼的久遠之道。

貞觀五年（西元六三一年），唐太宗令群臣討論封建之事。魏徵認為這種裂土分封的制度，不利於鞏固中央集權的統治，因而首先表示反對。他指出：「如果封建諸侯，則要增加許多王國的官員卿大夫，要解決他們的俸祿，必然導致加重賦稅，厚斂百姓。況且，京城附近能夠收到的賦稅本來不多，國家財政收入主要依靠外地，若把外地州縣都用以分封國邑，朝廷的經費必然大減。此外，北方的燕、秦、趙、代等地，都是多民族雜居，情況複雜，一旦發生戰事，從內地調兵極不方便，難以及時奔赴前線，因而不利於鞏固邊防。」禮部侍郎李百藥也認為：三代時行分封，是根據當時的歷史條件而定。現在若再實行這種制度，則是以過時之舊法，來治理現實之國政，無異於刻舟求劍，膠柱鼓瑟。但唐太宗成見已深，聽不進魏徵等人的這些正確意見，仍堅持搞了一個所謂世襲刺史制，封宗室子弟二十一人，功臣十四人為刺史，並令子孫世襲。不料詔書一下，引起更多大臣的反對，就連被封為世襲刺史的房玄齡、長孫無忌等人，也聯名上書，陳說利害，認為分封制非長治久安之道。由於多數大臣堅決反對，唐太宗只好收回成命，下詔停罷世襲刺史制。

這一時期，由於大臣們與唐太宗的意見時常產生矛盾，所以唐太宗對大臣們疑心頗重，他表面上對大臣們委以重任，表現得十分親近，背後卻又聽信讒言，輕易地懷疑大臣。治書侍御史權萬紀、侍御史李仁發，都是當時有名的酷吏，卻以誣陷毀謗別人深得唐太宗信任。貞觀三年（西元六二九年），尚書右僕射房玄齡、侍中王珪主持內外官考核，權萬紀奏稱他們辦事不公，唐太宗即欲追究房、王二人的責任。魏徵勸諫說：「玄齡、王珪皆為朝廷重臣，一向以忠誠正直得到陛下的信任。今所考官吏既多，其間也許會有一二人不夠妥當，但從情理上分析，並非出於私心。萬紀一直身在考堂，當場並未提出任何異議，現在因為沒有得到好的評語，卻到陛下面前來告狀，這顯然是懷有個人目的，不是忠心為國的表現。」唐太宗認為魏徵說的有理，便沒有追究房、王二人的責任，但也未處罰權萬紀。此後，權萬紀、李仁發更加肆無忌憚，任意羅織罪名，誹謗攻擊他人，致使許多大臣被譴責。大理丞張蘊古，就是因為他們的讒言而遭殺身之禍。結果搞得朝廷內外人人自危，但無一人敢於諫諍。

魏徵認為，這種專門抓住一些細微末節，誹謗誣陷好人的奸邪之輩，幾乎每個朝代都有。其實這些人並不可怕，可怕的是帝王聽信讒言，這樣就會受到矇蔽，貽害無窮。貞觀五年（西元六三一年），有一次上朝時，魏徵鄭重啟奏道：「權萬紀、李仁發俱是小人，不識大體，以毀謗大臣為直，以誣陷別人為忠，凡被他們指責的人，皆非有罪。臣揣測陛下之本意，也並非認為他們深謀遠慮，堪當大任，只不過想利用他們的無所避忌，來警惕鞭策群臣罷了。而萬紀等卻仗恃陛下支持，逞其奸計，欺下瞞上，多行無禮。就連房玄齡、張亮這樣的樞要大臣，尚且被他們誣陷，而不能申其冤枉，其餘誰能倖免？他們的所作所為，使臣下離心離德，人人自危。請陛下靜心回顧，自寵信二人以來，倘有一事對朝政有所弘益，臣即甘心承當不忠之罪，願受刑戮。陛下縱使不能提倡善行以弘揚美德，又何必親近小人以自損聖明呢？」唐太宗聽了魏徵的慷慨陳詞，自知理虧，默然無語。過了不久，找個藉口把權萬紀、李仁發貶斥到外地去了，朝廷百官無不拍手稱快。

其實，對於唐太宗日漸滋長的驕奢作風，大臣們都看得很清楚。不過，為了保住高官厚祿，他們或委曲求全，保持沉默，或吞吞吐吐，不敢直言。而魏徵則是只要認為該說的話，即如鯁在喉，不吐不快。貞觀六年（西元六三二年），有一天唐太宗與侍臣們討論安危之本，中書令溫彥博說：「但願陛下常如貞觀之初，國家即可長治久安了。」唐太宗非常敏感，馬上反問道：「難道我近來為政怠惰了嗎？」這一問，嚇得彥博汗流浹背、張口結舌，不知從何說起。魏徵接口道：「貞觀之初，陛下力戒驕奢，志在節儉，勵精圖治，求諫不倦。近年來營造宮室漸漸多了，對進諫者也頗有厭煩情緒，這就是與貞觀初的不同。」唐太宗想了想，笑著說：「確實如此。」溫彥博這才如釋重負地吐了一口氣。

魏徵就是這樣，凡是正確的意見，不但一定要提，而且要堅持到底，因此受到唐太宗的賞識和稱讚。有一天，唐太宗在丹霄殿宴請近臣，酒酣，長孫無忌忿忿不平地說：「魏徵過去為建成出謀劃策，多次要除掉陛下，臣等皆視若寇仇，不料今天竟一同參加宴會！」這無忌是長孫皇后的胞兄，又是策劃和參與玄武門之變的功臣，在朝中的地位非比尋常，所以，宴會上的氣氛頓時緊張起來。唐太宗見長孫無忌借題發揮，破壞了宴會上的歡樂氣氛，心中不悅。但看在皇親國戚的面上，也不好當面訓斥他。於是，半是解釋、半是批評地對他說：「魏徵過去確實是我的仇人，但他忠於職守，每每犯顏切諫，不許我為非，所以我敬重他。」接著，唐太宗話題一轉，問魏徵道：「有時候你勸諫我，我不接受，再和你說話時，你往往就不答應了，這是為何呀？」魏徵答道：「臣以為那件事不妥當，所以才諫諍。若陛下不接受，而臣又答應了，恐怕那件事就要按陛下的意思實行了，所以臣不敢答應。」唐太宗說：「你暫且答應了，以後再諫，又有何妨？」魏徵道：「以前舜帝曾告誡群臣：『你們不要當面順從我，以後又再提意見。』如果臣心裡明知那件事不對，而口裡卻答應陛下，那就是舜所說的『當面順從』了，這難道是正直之臣應該做的嗎？」唐太宗聽了鼓掌大笑，說：「別人都說魏徵舉止疏慢，在我看來，卻更覺得他嫵媚可愛，其原因就在這裡。」唐太宗詼諧的話語，引得大家都笑了起來，唯獨長孫無忌慚愧地低下了頭。魏徵離開座位，拜謝道：「陛下鼓勵臣直言，臣才得以稍盡愚忠；若陛下拒而不受，臣又怎敢屢次冒犯天威呢？」

魏徵的剛直性格和耿耿忠心，也得到了長孫皇后的敬佩與支持。唐太宗的女兒長樂公主，係長孫皇后所生，唐太宗對其特別鍾愛。貞觀六年（西元六三二年），長樂公主出嫁，唐太宗命令有關部門準備嫁妝，要比自己妹妹永嘉長公主多出一倍，魏徵勸諫道：「以前漢明帝封自己的兒子為王時，說：『我的兒子豈敢和先帝的兒子相比？』因此封的地盤只有自己弟弟的一半，被後世傳為美談。天子之女為公主，天子姊妹為長公主，即加『長』字，自應有所尊崇。今陛下卻令公主的嫁妝超過長公主，這不是與漢明帝的做法背道而馳嗎？嫁妝之事雖小，但陛下開此先例，以後若上行下效，推而廣之，國家的法度又怎樣執行？請陛下三思。」唐太宗雖然覺得魏徵說得對，但因為這件事涉及後宮，所以當時沒有表態，退朝後將此事告訴了長孫皇后，皇后感嘆道：「以前經常聽到陛下稱讚魏徵之賢，不知是什麼原因。今見他竟能遵照禮儀法度，抑制陛下的私情，才知他真乃棟樑之臣！我與陛下結髮為夫婦，幾十年來，陛下對我情深義重，但我每當要說些什麼，還得先察看陛下的臉色，不敢輕易冒犯。魏徵作為臣子，與陛下的關係比我要疏遠得多，竟能如此大膽地反駁陛下，其忠心實在難得。陛下不可不聽從他的意見。」並派人送錢四百緡，絹四百匹到魏徵家，對他說：「以前只是聽說你忠正剛直，今天才親眼見到，所以獎勵你，希望你經常保持這種品質。」

有一天，唐太宗退朝回到後宮，滿面怒容，口中恨恨地說：「我遲早要殺掉這個鄉巴佬！」長孫皇后大吃一驚，連忙問道：「陛下要殺誰呀？為了何事？」唐太宗餘怒未消地說：「還不是那個魏徵！他每每當眾批評我，絲毫不留情面，實在讓我難以忍受。」長孫皇后沒說什麼，退回內室，換了一身上朝時才穿的禮服出來，對著唐太宗便欲行禮。唐太宗急忙扶住，大惑不解地問：「你這是為何？」長孫皇后說：「我聽說君明臣直。現在魏徵這樣忠直，正是因為陛下英明的緣故啊！我怎能不拜賀呢？」皇后巧妙的啟發，使唐太宗恍然大悟，頓時轉怒為喜，要殺魏徵的想法也就煙消雲散了。

由於唐太宗與長孫皇后的信任和支持，魏徵在朝廷中威望不斷提高。貞觀七年（西元六三三年），魏徵遷任侍中（門下省長官）。當時尚書省積壓了許多訴訟案件，唐太宗命魏徵代為評判。魏徵評判案件，但求大體合理，處處從情理上判斷，很快便處理完了積壓的案件，結果人人心悅誠服。

有一次，唐太宗問魏徵：「群臣上書進言，都寫得有條有理，有些意見可以採納。但等到把他們召來詳細詢問，有些人就顯得語無倫次，這是為何呀？」魏徵分析說：「據臣平日觀察，各有關部門奏事時，雖然說的都是他們的本職工作，而且是經過了多日的準備，周密的思考，才提出來的。可是到了陛下面前，由於害怕您的威嚴，尚且三分不能說出一分來。何況上書之人被突然召來，又不瞭解陛下的想法，內心顧慮重重，怕觸犯忌諱，陛下若不格外和藹，並予以開導和安慰，他們怎敢盡情地說出自己的意見呢？」此後唐太宗在接待群臣時，態度愈加溫和，不僅對上書之人是這樣，即使平日上朝時，唐太宗自己也往往較少說話，而是鼓勵群臣多發表意見。並說：「隋煬帝好猜忌，每當臨朝，常常是板著面孔，群臣也大多不敢發言。我卻不是那樣，我與群臣親如一體，你們可以暢所欲言。」

不過，當面接受臣下的意見，也就意味著承認自己的缺點和過失，對於一位封建帝王來說，也不是很容易做到的。特別是有些人不講究策略，言辭過於激烈，唐太宗也會大發雷霆。貞觀八年（西元六三四年），中牟縣（今屬河南）丞皇甫德參上書批評朝政，說：「修洛陽宮是勞民傷財；徵收地租是橫徵暴斂；民間女子喜歡梳高髻，是因為受宮中的影響。」唐太宗勃然大怒，說：「德參是想讓國家不役使一個人，不收一斗租，宮中女子都不留頭髮，他才感到滿意嗎？」認為這是詆毀朝政，要治德參訕謗之罪。魏徵在旁勸諫道：「漢文帝時，賈誼上書中有這樣的話：『使我為之痛哭的事有一件，使我為之流涕的事有兩件。』言辭可謂激烈。自古上書皆有言過其實之處，因為言辭不激切，便不能打動君主之心，而言辭激切，又會近於訕謗。所以古人說：『狂夫之言，聖人擇焉。』陛下主要應考慮其意見有無可取之處，而不要過多計較其言辭。」唐太宗道：「你說得對。我如果治了他的罪，以後誰還敢再提意見？」於是，不僅未給德參治罪，還賞給他絹二十匹。

在魏徵任侍中的這段時間裡，恐怕是他與唐太宗相處得最為融洽的時期了。唐太宗對魏徵不僅言聽計從，而且，簡直覺得一刻也離不開他。貞觀八年（西元六三四年），唐太宗要選派一批大臣為特使，代他到全國各地巡視，考察官吏政績，瞭解民間疾苦。並下詔書說：「使者所至，如朕親睹。」由於使命重大，唐太宗令大臣們推薦人選，有人推薦了魏徵。但唐太宗不同意，說：「魏徵隨時規諫糾正我的過失，不可一日離我左右。」

貞觀九年（西元六三五年）十一月，唐太宗再次起用光祿大夫蕭瑀，令其重新參與朝政，對他說：「你的忠直，即使古人也不能超過；然而你嫉惡如仇，善惡過於分明，所以有時也會出錯，以後應該多加注意。」魏徵在一旁說：「蕭瑀違眾孤立，唯陛下知道他的忠正剛直，如果不是遇到聖明之君，恐怕很難免禍啊！」

魏徵的這番話，既是對蕭瑀的評價，也是他個人的自我鑑定，其中充滿了內心的悲涼。一個時期以來，一種功成身退的念頭，在魏徵思想上逐漸形成。他想到自己對唐王朝的建立既無創業之功，對唐太宗的登基也無任何幫助，而且，還曾一度是唐太宗的政敵建成的屬下。只不過靠了一張嘴巴，以犯顏直諫得到唐太宗的信任，得以參與朝廷決策。現在竟然聲名顯赫、譽滿朝野。但因此也就招來了許多人的妒忌與陷害，自己在朝廷中的地位也是「違眾孤立」的。而且，即使是唐太宗，也曾說過「我遲早要殺掉這個鄉巴佬」的話。雖然那不過是一時的激憤之語，但言為心聲，如果唐太宗絕無此類想法，是不會說出這種話的。魏徵熟悉歷史，深知水滿則溢、盛極必衰的道理。歷史上有許許多多身分、地位與他相同或類似的人，就是因為沒能功成身退而身敗名裂，不得善終。想到這些，魏徵感到不寒而慄。因此，他要趁自己聲譽日隆之際，急流勇退，為自己的從政生涯畫上一個圓滿的句號。

貞觀十年（西元六三六年），魏徵以眼睛有病為由，要求辭去侍中職務。唐太宗不許，他十分動情地對魏徵說：「我從政敵的營壘中將你提拔出來，委以樞要之職；你也以德報德，見到我的過失，沒有一次不指出來。難道你單單不明白這個道理：金子混雜在礦石之中，有什麼可貴的？但經過良工巧匠的冶煉，並鍛造成器物，就為人們所寶貴了。我現在正是把自己比作金子，而以你為良工巧匠，正需要你的冶鍛和磨礪。你雖然有病，但並未衰老，怎麼能在這個時候離我而去呢？」唐太宗的話，使魏徵頗為感動，但並未解除他心中的顧慮，此後又多次懇請辭職。這年六月，唐太宗任命魏徵為特進（唐代散官名，無實際職務），仍知門下省事。在以後的歲月裡，魏徵雖不再擔任具體職務，但仍以諫諍為己任，嘔心瀝血，繼續為國事操勞，直到他生命的最後一刻。

四、鞠躬盡瘁，死而後已

貞觀中期以後，唐王朝經濟更加繁榮，疆土不斷擴大，邊防日益鞏固。唐太宗取得如此卓著的成績之後，在群臣的一片頌揚聲中，變得驕矜自負起來，勵精求治的願望漸漸淡漠，生活上更加追求享樂。魏徵則始終保持清醒的頭腦，不斷向唐太宗提出忠告。僅在貞觀十一年（西元六三七年），魏徵便接連四次上疏評論朝政。

這年正月，唐太宗在洛陽建造飛山宮。魏徵立即上疏，十分尖銳地指出：隋煬帝恃其富強，不慮後患，窮奢極欲，使百姓窮困，以至身死人手，家破國亡，被我大唐取而代之。陛下撥亂反正，應認真思考隋之所以失、我之所以得的道理，反其道而行之。若在他的基礎上大加擴建，重行整飭，豈不是以一種暴政代替另一種暴政，重蹈亡隋覆轍嗎？江山難得易失，陛下不可不慎。

為了引起唐太宗足夠的重視，魏徵又分別於四月、五月接連兩次上疏，指出唐太宗近年來，勵精求治的願望不如以前強烈了，聞過必改的精神也比以前減弱了，對臣下的責罰日漸增多，施威發怒越來越嚴厲。勸諫唐太宗吸取隋朝滅亡的教訓，居安思危，慎終如始，繼續保持貞觀初崇尚節儉、謙虛謹慎的作風。並提出十個問題，請唐太宗經常思考，即：見到喜愛的事物則思知足，將要興建宮室則思停止，身居尊位則思謹慎，志驕意滿則思謙虛，貪圖安逸則思後患，追求享樂則思節制，防止矇蔽則思納諫，杜絕讒言則思正己，行獎賞則思防止因高興而過分，用刑罰則思防止因發怒而濫施。這就是著名的《十思疏》。

這年七月，河南大雨，穀、洛二水氾濫，洛陽的宮殿、官署、民舍大部沖毀，淹死六千多人。古人迷信，認為某些自然災害是「上天示戒」，是預示人間政治事件的跡象。於是，魏徵趁機再次上疏，指出唐太宗對小人輕信而親近，待君子恭敬而疏遠，致使下情不能上達。並警告說：「陛下誠能慎選君子，並信而用之，天下何憂不治！如若不然，則危亡之期，未可保也！」

唐太宗連續批閱魏徵的奏章，頗受觸動，親自寫了詔書褒獎魏徵，承認自己的過失，並表示要把奏章放在案頭，以便隨時翻閱，引以為戒。在魏徵的啟發下，唐太宗下詔，拆毀明德宮和飛山宮的玄圃院，把材料分給遭受水災的百姓，並令百官各自上封事，盡情指出他的過失。

當時，上封事提意見的人很多，有些人說得不近事實，唐太宗非常生氣，欲加責罰。魏徵勸諫道：「古代先王唯恐不知道自己的過失，所以設立謗木。現在的上封事，就是古代謗木的遺風。陛下若要知道自己的過失，就應該讓人們暢所欲言，盡情陳述。如果意見有可取之處，固然對國家有利；即使無可取之處，也無損於陛下。」由於魏徵的及時提醒，唐太宗對上封事的人，總是表揚和鼓勵一番。

有一次，唐太宗帶了大批隨員外出視察，住在顯仁宮（在河南壽安縣）。負責接待的官吏沒想到會來這麼多人，未能準備足夠豐盛的食品。唐太宗大發脾氣，對官吏多所譴責。魏徵對唐太宗說：「陛下因為伙食不好而責備官吏，臣恐此事傳揚出去，以後陛下不論到哪裡，官吏們接受這次的教訓，都要把食品準備得豐盛、充裕。長此以往，必然會搞得民不聊生，這恐怕不是陛下出來視察的本意吧！以前隋煬帝四處巡遊，所到之處，都要責成郡縣官吏獻食，並視其豐盛與否作為賞罰的標準，所以眾叛親離，以至亡國。這是陛下親眼所見，現在怎麼倒想效法他呢？」魏徵的話，使唐太宗猛然醒悟，慚愧地說：「若非您在這裡，我是不會聽到這些話的。」

貞觀十二年（西元六三八年）三月，唐太宗有了第一個孫子，在東宮宴請五品以上的官員。席間，唐太宗極為高興，對群臣說：「貞觀以前，隨我平定天下，披荊斬棘，出謀劃策，房玄齡之功無人可比。貞觀之後，盡心於我，獻納忠讜，安國利人，成我今日功業，為天下所稱者，惟魏徵而已！」於是，親自解下身上的兩把佩刀，分賜給玄齡、魏徵每人一把。接著，唐太宗問群臣道：「依你們看，魏徵與諸葛亮誰的能力大呀？」中書侍郎岑文本說：「諸葛亮才兼將相，文武雙全，當然比魏徵強多了。」唐太宗說：「不然。魏徵躬行仁義，一心輔佐我成為堯舜般的聖君，即使是諸葛亮，也無法與魏徵相比。」提起他的功業，唐太宗更為興奮，他不無自得地問魏徵道：「我的政績比往年如何？」魏徵看到唐太宗近年來為政怠惰，久欲勸諫，於是趁機答道：「以前陛下總擔心國家治理不好，因而兢兢業業，所以政績與日俱新；現在則以為國家已經治理好了，因而心安理得，所以政績不如往年。」唐太宗說：「現在所做的與往年一樣，有何不同？」魏徵道：「貞觀之初，陛下恐人不諫，常導之使言。幾年之後，有人進諫，尚能愉快地接受。近年來則不然，有時雖然勉強接受，但心裡很不舒服。所以說不同。」唐太宗不服氣，說：「能說出事實來嗎？」魏徵道：「貞觀初，陛下欲殺元律師，孫伏伽諫諍說，按照法律不應當判死刑，陛下賜給他一座價值百萬的花園。有人說賞賜太厚，陛下說：『自我即位以來，尚未有人諫諍過，所以應該重賞。』這說明陛下導之使言。後來，柳雄偽造資歷，騙取高官，陛下要殺他。戴冑諫諍說，按照法律只可判徒刑，不當死。爭執了四五次，最後陛下同意了戴胄的意見，並勉勵他說：『如果都像你這樣執法，就不必擔心濫用刑罰了。』這說明陛下能愉快地接受意見。前不久，皇甫德參上書批評修洛陽宮，陛下大怒，竟要給他治罪。後來雖然接受了我的意見，沒有給他治罪，但很不情願。這說明陛下難以接受意見了。」聽罷魏徵的話，唐太宗深有感觸地說：「若非你指出來，我是沒想到這些的。真是人難有自知之明啊！」

魏徵經過長期的思考，針對唐太宗對自己約束日漸放鬆，驕奢之情日漸滋長的傾向，於貞觀十三年（西元六三九年）五月再次上疏，將唐太宗近年來的施政情況與貞觀初作了比較，指出唐太宗奢侈縱欲、輕用民力、自滿拒諫、荒疏政事、親近小人、疏遠君子等種種表現。具體地從十個方面，總結了唐太宗「漸不克終」，即不能善始善終的問題。這就是著名的《十漸不克終疏》，是魏徵所有奏疏中論述最為精彩的一篇。唐太宗反覆研讀，「深覺詞強理直」，不禁為魏徵忠心為國的負責精神所感動，十分誠懇地對魏徵說：「我現在知道自己錯了，願意改正，做到善始善終。若違背此言，還有什麼顏面再與你相見啊！我已經將你的奏疏掛在屏風上，以便朝夕觀覽，還要抄錄給史官，載入國史。」

然而，與以前的幾次上疏一樣，魏徵這些深謀遠慮的肺腑之言，不久便被群臣歌功頌德的聲浪所淹沒。唐太宗在口頭上表示改正錯誤之後，行動上卻依然我行我素。即使一些正直的大臣，見到唐太宗已不再有求諫若渴之意，聞過必改之心，也漸漸變得沉默不語。所以，朝廷中直言諫諍者越來越少，承旨順情者越來越多。這種情況，唐太宗本人也有所覺察。貞觀十五年（西元六四一年），唐太宗問魏徵：「近來群臣為何都不提意見了？」魏徵回答說：「陛下若虛心採納，自然有提意見的。但各人的情況，有所不同。性格懦弱的人，心懷忠直而提不出意見；被疏遠的人，因陛下不信任而得不到機會提意見；身居高位的人，害怕對自己不利而不敢提意見。所以大家都保持沉默，看陛下的臉色行事。」唐太宗道：「你說得很對。我常常這樣想：作為臣子，每欲諫諍，往往提心吊膽，畏懼獲罪，與赴湯蹈火有何不同？所以群臣非不欲竭盡忠誠，而是竭盡忠誠確實太難了！我今後一定虛心納諫，你們不用害怕，只管大膽提意見。」

但是，隨著年齡的增長，唐太宗脾氣越來越暴躁，經常無故譴責大臣。這就使得大臣們更不敢講話。有一次，唐太宗背著大臣們，在皇宮北門的生活區修築宮殿。左僕射房玄齡和高士廉上朝經過這裡，正遇見少府少監（掌管宮內修建的官員）竇德素，便問道：「北門近來有何營造？」竇德素只好照直說了。不想竇德素將此事報告了唐太宗，唐太宗大怒，等房玄齡、高士廉二人來到朝堂，唐太宗劈頭訓斥道：「你們只需知道朝廷中的事就行了，我在北門稍有營造，與你們何干？」房、高二人嚇得連忙叩頭謝罪。魏徵在一旁啟奏道：「臣有二事不明，請陛下指點。玄齡等既為朝廷大臣，就是陛下的耳目和左膀右臂。朝廷內外之事，豈有他們不該知道的？假若北門的營建是對的，他們理應協助陛下盡快完成，如果是不對的，他們也應奏請陛下停止。他們向主管官員打聽，是理所當然的事，不知陛下為何責備他們？他們既然做了應該做的事，不知他們又為何謝罪？」一席話說得唐太宗十分慚愧，只得承認了錯誤。

由於長期為國操勞，魏徵心力交瘁，竟於貞觀十六年（西元六四二年）七月一病不起。唐太宗非常關心，寫了詔書表示慰問，說：「數日不見，我就出了很多過失。本想親自去看望你，又怕會增加你的勞累，反為不美。你有什麼想法或要求，可寫成奏章送給我。」當聽說魏徵家裡連客廳都沒有時，唐太宗立即下令，停止皇宮內一座小殿的修建，用這些材料為魏徵建了一座客廳。並按照魏徵崇尚簡樸的習慣，賜給素色的屏風、桌椅、被褥、手杖等。唐太宗又寫了詔書說：「我之所以這樣待你，完全是為了國家和百姓，豈止是為了你一個人？又何必致謝！」

魏徵的病情一天天加重了。貞觀十七年（西元六四三年）正月，魏徵病危。唐太宗不斷派人探視，賜藥賜食，並派中郎將李安儼住在魏徵家，有什麼情況即刻向唐太宗報告。在魏徵彌留之際，唐太宗帶著承乾太子、衡山公主，一起到魏徵家中探望。魏徵掙扎著穿上朝服拜見，唐太宗看到魏徵步履蹣跚的樣子，心裡非常難過，流著眼淚扶起魏徵，屏退左右，與魏徵交談了很久。最後，唐太宗問魏徵還有什麼要求。魏徵十分艱難地只說了一句話：「嫠不恤緯，而憂宗周之亡！」這句話出自《左傳》，意思是說：寡婦不愁自己織布的緯線少，而擔心國家的衰亡。魏徵的話使唐太宗更加悲慟，為了表示對魏徵的最後一點安慰，唐太宗當場決定，將女兒衡山公主許給魏徵的長子叔玉為妻。唐太宗哽噎著對魏徵說：「請你勉強睜開眼睛，看看你的新兒媳吧！」但此時的魏徵，已無力作謝恩的表示了。第二天清晨，魏徵與世長辭，終年六十四歲。

魏徵去世之後，唐太宗親臨其家弔唁，失聲痛哭，並特許魏徵陪葬昭陵。昭陵是唐太宗的墓地，陪葬昭陵在當時是一種極高的榮譽。唐太宗停止上朝五日，親自為魏徵擬制了碑文，並親筆書寫在碑石上。出殯的那天，唐太宗令在京的九品以上官員都來參加送葬，按一品官葬禮治喪。魏徵的夫人裴氏辭謝說：「魏徵一生崇尚節儉，今按一品葬禮治喪，非亡者之志！」唐太宗遵從魏徵遺志，改用素車、白布幨帷。唐太宗登上御苑中的西樓，望著魏徵的靈車緩緩驅動，默默地流淚。在無比哀痛之中，吟成了一首五言詩《望送魏徵葬》，結尾四句是：「望望情何極，浪浪淚空泫。無復昔時人，芳春誰共遣？」其大意為：望著望著我不禁極度悲傷，眼淚像泉水一樣不停地流淌。再也沒有這樣忠直的人了，誰來陪伴我度過今後的時光？

後來，唐太宗對魏徵仍思念不已，對群臣說：「以銅作為鏡子，可以端正衣冠；以歷史作為鏡子，可以知道國家的興亡；以人作為鏡子，可以知道自己的過失。現在魏徵去世了，我失去了一面很好的鏡子啊！」

唐太宗對魏徵的無限懷念，又引起了一些人的妒忌，於是他們百般詆毀魏徵。魏徵曾推薦過侯君集、杜正倫二人有宰相之才，希望唐太宗予以重用。後來杜正倫因罪被貶黜，侯君集因幫助太子承乾謀反而被處死，有人因此誣告魏徵結黨營私。又有人告發說：魏徵曾把歷次諫諍的言辭都記錄下來，並且給史官褚遂良看過，目的是想載入國史，這是顯君之過，而揚己之名。唐太宗不禁大怒，一氣之下，下詔停止了衡山公主和叔玉的婚事，派人推倒了魏徵墓前的石碑，並磨去了上面的碑文，以絕昔日君臣之義。後來直到貞觀十九年（西元六四五年），唐太宗征高麗（今朝鮮）勞而無功，深悔此行，這才又想起魏徵，頗為惆悵地感嘆道：「如果魏徵還在的話，我還會有這次遼東之行嗎？」於是派人以少牢之禮祭祀魏徵墓，並重新又立了一塊墓碑。

五、一代良臣，名垂青史

魏徵在輔佐唐太宗的十幾年中，除了監察朝政、規諫得失之外，還曾主持並參與了編纂《隋書》、《周書》、《梁書》、《陳書》、《齊書》的工作。其中《隋書》的序論，《梁》、《陳》、《齊》各書的總論，都出自魏徵的手筆。以上諸書的編纂，一般都比較注意總結歷史經驗，反映史實也較為客觀，在當時被人們譽為「良史」。這與魏徵一貫主張以史為鑑的指導思想是分不開的。此外，魏徵還奉命輯錄了經史百家中有關帝王興衰的記載，編為《群書治要》五十卷。上自三皇五帝，下迄晉末，既有明主賢相的治國經驗，也有庸主佞臣的誤國教訓，還有諸子百家的治世名言，內容十分豐富。

由於魏徵功績卓著，他的事蹟不僅記載在《舊唐書》、《新唐書》、《貞觀政要》、《資治通鑑》等所謂正史之中，也廣泛地散見於諸如《隋唐嘉話》、《大唐新語》、《唐摭言》、《唐語林》、《太平廣記》等所謂野史雜說中。特別是《貞觀政要》一書，雖然其編輯目的在於歌頌唐太宗的德政與治術，但其中不可避免地收入了魏徵的大量諫言。魏徵的主要政見和事蹟，在這本書中都有所反映。

作為封建時代的大臣，魏徵為鞏固唐王朝的統治貢獻了畢生的精力，他那種「上不負時主，下不阿權幸，中不侈親族，外不為朋黨，不以逢時改節，不以圖位賣忠」的精神，不但在一千三百多年前的封建社會中是難能可貴的，時至今日，也還有值得學習和借鑑的地方。魏徵是封建社會中一位傑出的政治家，他的豐功偉績載諸史冊，將永不泯滅。

本文主要資料來源：《舊唐書》卷七一，〈魏徵傳〉；《新唐書》卷九七，〈魏徵傳〉；（唐）吳競：《貞觀政要》。

身居高位一身清廉　為民除害臻於太平

姚崇傳

王振富

姚崇是中國盛唐時期的著名宰相，是地主階級傑出的政治家。他歷事武則天、唐中宗、睿宗、玄宗諸朝，敢言直諫，知人善任，治事明敏，辦了不少有利於社會發展的好事。尤其是輔佐玄宗皇帝實現中興大業，革除了許多弊政，開創了「開元盛世」，促使唐王朝進入了鼎盛時期，其突出貢獻一直為後人所稱道。

一、嶄露頭角，初登相位

姚崇（西元六五〇年～西元七二一年），本名元崇，字元之。武則天時，因與一反叛的突厥人同名，故只稱其字。開元元年（西元七一三年），因避年號「元」字之諱，又改「崇」。他是陝州硤石（今河南省三門峽市南陝縣）人，出身於封建官僚家庭。在少年時期，他聰明好學，才思敏捷；成年之後，他為人豪放，重視氣節，而且才幹出眾。進入仕途後，一帆風順，青雲直上。起初，姚崇授濮州（今山東鄄城北舊城）司倉，掌管地方上的倉儲出納，後逐漸得到重用，被調到中央歷任兵部要職。武則天當政期間，姚崇任夏官（即兵部）郎中。這時東北的契丹族不斷內犯，攻陷唐朝河北數州。武則天一再派大兵抵禦，因此兵部的事務自然十分繁忙。姚崇的才幹在這時得到了充分發揮。那紛繁複雜的事務，到了他的手裡，處理得乾淨利落，井井有條。武則天很愛才，對姚崇十分賞識，並立即「超遷」（越級提拔）為夏官侍郎（即兵部首長之副），協助兵部首長掌管全國的軍政。

姚崇做了侍郎，就可以直接參與朝政了。武則天稱制時，曾重用酷吏，濫施刑威。酷吏周興、來俊臣等人兇狠殘暴，告密羅織，大興冤獄，許多朝臣和李氏宗室被無辜殺死。因此，朝臣人人自危。甚至每次上朝前，都要與家人訣別，擔心人命朝不保夕。姚崇和一些正直大臣將酷吏的惡跡委婉地告知武則天，使武則天果斷地將周興、來俊臣等人處死，大快人心。一天，武則天對朝臣們說：「前些時候，周興、來俊臣審理案件，多牽連到朝廷大臣，說他們反叛；國家法律擺在這裡，謀反者必須處死，我怎麼能夠違背呢？其中有的我也懷疑是冤枉的，是濫用刑罰造成的。我派近臣到獄中去審問，得到他們親手寫的供狀，都承認自己有罪，我因此就不加懷疑了，自從周興、來俊臣死後，再也聽不到謀反的事了，在以前被殺的人中，是不是有冤枉的呢？」姚崇對這方面的情況比較熟悉，他對武則天也比較瞭解，知道她重用過一些壞人，濫殺無辜，然而尚未完全被壞人控制。她也任用一些賢吏良臣主管刑法，並在這個問題上能夠聽得進不同的意見。他針對武則天提的問題，直率而又誠懇地陳述了自己的看法：「自垂拱（西元六八五年～西元六八八年）以來，被告得家破人亡的，都屬冤枉，都是自誣。告密的人因此而立功，天下都在羅織罪名，這種情況比漢朝的黨錮之禍還要厲害。陛下派近臣到監獄中查問，被派去的人自身也難於保全，怎麼敢去動搖原案呢？被問的人若要翻案，又懼怕遭到那些主審人的毒手，將軍張虔勖、李安靜等都屬這種情況。全靠老天保佑，皇上您醒悟過來，誅殺了壞人，朝廷才安定下來。從今以後，我以自身及全家百餘口人的性命擔保，現在內外官員中再也沒有謀反的人。懇請陛下，今後如果再得到告狀，只是把它收存起來，不要再去追問就是了。假若以後發現了證據，真的有人謀反，我甘願承受知而不告之罪。」姚崇當著武則天的面，一方面勇敢地揭露了酷吏之害，朝廷內外大開告密之門，放縱了無賴官吏羅織罪名，陷害無辜，造成大量冤獄；另一方面，他機智地讚揚了則天女皇頭腦清醒、及時矯枉的優點，使其不至於因為尖銳的批評而發火兒。姚崇用自己及全家人的性命做賭注，更使武則天看到了他的誠懇。因此她聽後很高興，說道：「以前大臣們順著既成的事實，害得我成了個濫施刑罰的君主。聽了你的一席話，很是符合我的心意。」武則天對姚崇這種敢言直諫、反對濫施刑威的精神，給予了讚賞，並賜給他白銀千兩。西元七〇二年年，針對來俊臣等酷吏造成的冤假錯案，朝廷為受害的官員「伸其枉濫」，因此得以昭雪的人甚多。

西元六九八年，姚崇被升任為同鳳閣鸞台平章事（相當於中書門下平章事，實即宰相）。在此期間，他往往兼任兵部尚書，所以對兵部的職掌非常熟悉。凡是邊防哨卡，軍營分布，士兵情況，兵器儲備，他都熟記在心，在姚崇的執掌下，兵部這台機器按部就班地運轉著，軍隊的戰鬥力也空前提高。契丹族自此不敢小覷中原，很長時間沒敢南侵。

不久，姚崇得罪了武則天的寵男張易之，被調出京城，去做靈武道大總管。臨行前，武則天要他推薦一位宰相，他就推薦了張柬之。以前，狄仁傑曾兩次向武則天推薦張柬之。張每被推薦一次，就升一次官，但始終未登上宰相的官職。這一次姚崇再次推薦，張柬之很快就當上了宰相，時年已八十。此後不久，張柬之聯合朝中大臣，迫使武則天將皇位讓與其子李顯，粉碎了武氏集團繼位的陰謀。可以說，姚崇推薦張柬之的意義十分重大。如果皇權落入武承嗣等人之手，那將不可避免地引發一場全國性動亂，對全國上下都將是一場大災難。

二、量才適用，反對特權

景雲元年（西元七一〇年），睿宗即位，姚崇任宰相。

當時官僚機構臃腫，百官氾濫，銓官制度十分紊亂。特別是公主、后妃們，依勢干政，大搞「斜封官」。所謂斜封官，就是皇帝受公主、后妃等的請謁，任意頒下敕書任命官員，用斜封交付中書省。她們的這種「無涯之請」、「以公器為私用」，目的是賣官利己，鬻法徇私，進而搞裙帶關係，各樹朋黨，擾亂吏治，致使「政出多門」。掌管官員升降的機構形同虛設。庸碌之徒花錢就可以買到官。這些人占據官位後，遇到政事不知如何處理，而且恃仗權勢公開犯法，「無益時政」。更具有諷刺意味的是，由於官職設得太多，宰相、御史及員外官辦公時連座位都沒有，被戲稱為「三無坐處」。政府機構的工作難以正常開展，混亂狀況亟待整治。姚崇對此痛心不已，他聯合宋璟等人上言：「先朝斜封官悉宜停廢。」睿宗採納了他們的建議，立即罷免了斜封官數千人。同時，睿宗又以姚崇為兵部尚書，與宋璟兩人負責銓選文武官吏。他們不畏強權，對「選舉混淆，無復綱紀」的混亂狀況大力整治，杜絕向皇帝請謁討官的各種途徑，使吏治大有改善，出現了「賞罰盡公，請託不行，綱紀修舉」的清新局面。

當時，太平公主干預朝政，而且頗有勢力。太平公主是睿宗的妹妹，即武則天的親生女兒，長得也特別像武則天，一貫深受武則天的寵愛。她也想走武則天的老路，要當女皇帝。她與諸王結為朋黨，危害政局。時宋王李成器為閒廄使，歧王李范、薛王李業皆掌禁兵兵權，與太平公主互通聲氣，外議以為不便。為了防患於未然，姚崇與宋璟聯名上奏睿宗，建議將太平公主搬到洛陽去住，並將李成器等幾個掌握兵權的王派到地方上去當刺史，以安人心。在當時的情況下，為了鞏固唐王朝的中央集權，姚崇的計策不失為明智之舉。而睿宗昏庸無能，竟如實地將這些話轉告給了太平公主。太平公主聽後大怒，指控姚崇挑撥皇上與兄妹之間的關係。於是，姚崇被貶為地方刺史。

太平公主的勢力越來越膨脹，活動也越來越肆無忌憚。太子李隆基再也按捺不住了，乃瞞著睿宗，一舉將太平公主及其黨羽清除掉。不久，李隆基執政，是為玄宗，他要召姚崇為宰相。姚崇聞知後，並未馬上應召，而是提出了許多條件，看玄宗是否能夠應允。姚崇在朝中為官多年，深知伴君如伴虎的險惡，故不願再捲入矛盾的漩渦中。正因如此，他提出的條件就顯得特別尖銳。他自己雖然不貪圖高位，但唐玄宗深知其能，故全部答應了他的要求。姚崇深感唐玄宗銳意求治，遂再次入京，出任宰相。唐玄宗知道他不是貪圖祿位之人，對他反而格外倚信。姚崇為玄宗輔政，大力整肅吏治，任人唯賢，量材授職。他嚴格銓選制度，繼續罷免以前的斜封官。對於用請託等不正當手段謀取官職的人，無論是誰，姚崇都堅決予以制止。

開元二年（西元七一四年）二月，申王李成義向玄宗請託，要求把他府中的閻楚珪由錄事破格提拔為參軍，玄宗答應照顧。按唐制，親王府錄事的官階是從九品上的流外官，參軍則是正七品上。姚崇堅決反對這種任人唯親、違反官吏提拔程序的做法。他與另一位宰相盧懷慎一起上書，指出量材授官的權力應歸屬官吏任命部門，反對因親故之恩就得以升官晉爵，覆前朝冗官氾濫之轍，擾亂國家法紀。因此，申王成義擅自提升親信的企圖未能得逞。以後，唐玄宗又採納姚崇的建議，制定了「量材授官」的升降官員制度。自此，向皇帝請謁討官的惡習大為收斂。

同一年的正月間，薛王李業的舅父王仙童，恃仗李業是皇戚，侵暴百姓，強奪民田。御史彈奏了王仙童的罪行。薛王為舅父極力開脫罪責，向玄宗說情。玄宗也想寬釋王仙童。姚崇據理力爭，與盧懷慎等奏道：「仙童罪狀明白，御史所言無所枉，不可縱舍。」唐玄宗接受姚崇等人的正確意見，使王仙童依法得到應有的懲治。

在任人唯賢方面，姚崇和唐玄宗都能說到做到，身體力行。姚崇在唐玄宗開元初期當宰相數年之後，推薦廣州都督宋璟代替自己擔任宰相職務。宋璟也精於吏治，執法不阿，成為唐玄宗治國的一位得力助手。正如北宋歷史學家司馬光所說：「姚、宋相繼為相，崇善應變成務，璟善守法持正；二人志操不同，然協心輔佐，使賦役寬平，刑罰清省，百姓富庶。唐世賢相，前稱房（玄齡）、杜（如晦），後稱姚、宋，他人莫得比焉。」開元初期，由於唐玄宗採納了姚崇等人的建議，廢棄了任意賞賜官爵的「任人唯親」的陳規陋俗，能夠「任人唯賢」、「量材授官」，信用姚崇、宋璟等比較正直、比較有作為的大臣，善於聽取他們的正確意見，因此能夠進行一些改革，促進了當時封建政治、經濟和思想文化的發展，使唐朝進入極盛時期。

三、革除弊政，上「十事」建議

西元七一三年，剛剛即位的玄宗皇帝到新豐（今陝西臨潼東北）講武（類似現代的軍事檢閱）。按照傳統，皇帝出巡，方圓三百里內的州郡長官都要去朝見。姚崇因得罪睿宗和太平公主，被貶到同州（今陝西大荔縣）任刺史。姚崇去朝見的時候，玄宗正在打獵。玄宗問他會不會此道，他說從小就會，到二十歲時，常以呼鷹逐獸為樂，雖然老了還能行，於是姚崇就參加了玄宗的打獵行列。他在獵場上追逐自如，很得玄宗的喜歡。罷獵之後，玄宗徵求他對國家大事的意見，姚崇侃侃而談，不知疲倦。玄宗聽了，說道：「你應該做我的宰相。」姚崇想試探一下唐玄宗的真實想法，沒有行禮謝恩，也就是沒有馬上答應。玄宗感到很奇怪。姚崇說：「我有十點意見要奏明皇上。陛下如果做不到，那我就不能做這個宰相。」玄宗要他說說看。

姚崇不緊不慢地說：「自垂拱以來，朝廷以嚴刑峻法治理天下；我懇請聖上，改成以仁義先行，可以嗎？」玄宗說：「我衷心希望這樣做。」姚崇接著說：「朝廷自從在青海被吐蕃戰敗以來，從來沒有後悔之意；我請求數十年內不求邊功，可以嗎？」玄宗答應照辦。「第三，自從則天太后臨朝稱制以來，往往由宦官代表朝廷發言；我請求今後不要讓宦官參預公事，可以嗎？」玄宗說：「這個問題我考慮很久了。」「第四，自從武氏諸親竊據顯要官職，繼之以韋庶人（中宗的皇后，被清除後去掉皇后稱號）、安樂公主（中宗、韋庶人的女兒，與韋庶人一起被剷除）、太平公主用事，官場秩序很混亂；我請求以後不准皇親國戚在朝廷要害部門做官，以前凡是有斜封、待闕、員外等巧立名目任命的官吏一律撤銷罷免，可以嗎？」玄宗說：「我早就想這樣做了。」「第五，近來，親近佞幸之徒，觸犯法律的，都因為是寵臣而免於懲處；我請求以後依法辦事，可以嗎？」玄宗說：「我對此早已切齒痛恨了。」姚崇說：「第六，近年以來，那些豪門貴族，不斷地向上送禮行賄，以至公卿、方鎮也這麼做；我請求除租、庸、調等賦稅之外，其他一切攤派都要杜絕，可以嗎？」玄宗說：「我願意這麼做。」「第七，太后造福先寺，中宗造聖善寺，上皇（指睿宗）造金仙、玉真觀，皆耗費百萬巨資，百姓受苦；我懇請陛下禁止建造寺觀宮殿，可以嗎？」玄宗說：「我每次看到這些現象，心裡就感到不安，又怎麼敢再這樣做呢？」「第八，前朝皇帝玩弄大臣，有損君臣之間互相尊敬的常禮；我希望陛下對朝臣們以禮相待，可以嗎？」玄宗說：「事情就應該這麼做，有什麼不可以的呢？」「第九，以前大臣們直言進諫者，有的丟了性命，從而忠臣都感到灰心沮喪；我請求陛下，凡是做臣子的，都可以犯顏直諫，無所忌諱，可以嗎？」玄宗說：「我不但能夠容忍大臣這樣對待我，而且還可以按照他們的忠言去做。」「第十，呂氏家族幾乎危及西漢的生存，馬、竇、閻、梁也使東漢大亂，外戚亂政，後世感到寒心，而我們當今的外戚專政，則更加厲害；我請求陛下將我朝的這種事情寫在史冊上，永遠作為前車之鑑，成為萬世不能重犯之法，可以嗎？」玄宗聽了，心情久久不能平靜，良久才說道：「這真是刻骨銘心的一點啊！」

這就是著名的「十事」建議，也稱十項治國建議。此中可以發現姚崇的機智和過人的謀略。他看準時機，在玄宗要任命他做宰相之時，沒有馬上答應，而是提出了一系列積極建議，使玄宗對他更加佩服。結果，他的建議逐條被採納，而且官復原職，姚崇靠他的智慧取得了勝利。從唐玄宗、姚崇君臣二人圍繞「十事」建議一問一答來看，他們都具有比較清醒的政治頭腦，成了「千載一遇」、情投意合的聖君、賢相。被唐玄宗採納的這「十事」建議，都是極有價值的治國之道。針對歷史上遺留下來的種種弊政，將十項治國建議綜合起來，其中最重要的就是：國家既要行仁政，又要以法治國，而行法必自身邊違法者開始。這十項建議包括了緩和剝削、用人唯賢、刑罰得當、反對宗教迷信等方面的內容。它成了玄宗開元時期的重要施政綱領。

玄宗正式任命姚崇為宰相後，「以天下事委姚崇」，使其獨當重任。在君臣的共同努力下，國家政簡刑清、賦稅寬平、百姓富庶，出現了歷史上著名的「開元盛世」。

北宋司馬光在主持編寫《資治通鑑》時，對姚崇提出「十事」建議持半信半疑的態度，所以只是極為概括地寫了幾句，這未免有點兒拘謹。姚崇在武則天時期，曾做過相王（即後來的睿宗）府長史，早就認識相王的兒子李隆基；被貶到遙遠的異地他鄉後，再次見到已即帝位的李隆基，他將自己多年的親身感受，當面向皇上陳述，是完全有可能的。而且，對於韋皇后、安樂公主、太平公主及她們黨羽的胡作非為，他更是深惡痛絕。姚崇是唐王朝的一個能臣，也是一個頭腦清醒、注重實際、懷有理想的封建政治家。在他看來，唐朝要振興，就必須清除掉那些多年積存下來的流弊，這樣國家才能真正強盛起來。

四、反對佛教，破除迷信

自武則天以後，佛教盛行。上自皇帝、皇后、達官貴人，下至豪紳富戶，無不利用宗教撈取好處。公主、外戚爭相出錢建造寺院，大量度人為僧尼，許多勞動人手流入寺院，破壞了農業生產的發展，加劇了社會矛盾。對此，姚崇深知其弊，便極力加以抑制。

中宗時，信佛之風更為流行，一些富戶紛紛出家。因為按當時制度，凡出家人，即可免除賦役。姚崇在做了玄宗的宰相之後，就提出要改變這種狀況。他上書玄宗，指陳崇佛之弊，並勸諫玄宗禁止妄度。他提出的理由是：對佛教的信仰，主要是在內心的虔誠，而不在於外表的形式；以往一些信仰佛教的帝王權貴，都沒有得到好的結果；只要心懷慈悲，做的事有利於人民，使人民得到安樂，就是符合佛教的要旨，何必妄度壞人為僧尼，反而破壞了佛法呢？玄宗聽取了姚崇的意見，下令暗中進行調查，將一萬兩千多冒充的和濫度的僧尼還俗為農。後又規定，今後禁止創建佛寺，禁止文武百官與僧人、尼姑、道士來往，禁止民間鑄佛、寫經。對於宗教流弊，姚崇直到死的時候，也還是持反對態度。他在遺囑裡猛烈地抨擊了佛教，用正反對比的方法，戳穿了佛教僧徒所宣揚的一些預言；他堅持佛即是覺的觀點，信仰在乎內心，只要行善不行惡，就可以了；他無情地揭露了那種將佛教的宣傳當作事實的無知行徑，以及那種抄經寫像、破業傾家、施捨自身、為死人造像追福等愚昧風俗。他指出，這都是「損眾生之不足，厚豪僧之有餘」；他嘲笑了那些所謂通才達識之士，也不免於流俗，成了上述種種怪現象的俘虜；他認為佛教的宗教活動，乃是有害於蒼生的弊端。他要他的子侄們警惕，不要上當，在辦他的喪事時，即使不能完全擺脫佛教陳規陋習的束縛，在齋祭、布施方面，也只可略事敷衍，不必鋪張浪費。這種著眼於實際的求實精神，對宗教所持的否定態度，離無神論已不太遠了。

開元五年（西元七一七年）正月，玄宗決定到東都洛陽去。這不完全是為了巡幸，而是因為關中收成不好。皇帝去東都，可以減輕其糧運負擔。不巧，就在這時，太廟的四個房屋倒塌了，這在當時成為一件了不得的大事，許多人認為是不祥之兆，應停止去洛陽。玄宗召見宰相宋璟等人，問他們這是什麼緣故。他們解釋說，太上皇去世還不到一年，三年的喪期未滿，不應該行幸；大凡災異的發生，皆為上天的告誡，陛下應當遵守禮制，以答覆上天，還是不要去東都了吧！玄宗聽後猶豫不決，又問已經引退的姚崇：「太廟無故崩塌，這是不是神靈告誡我不要去東都呢？」姚崇不以為然地說道，山上的石頭年久腐朽了，尚不免要崩塌下來，更何況房屋的木材。太廟殿本是前秦苻堅時建造，隋文帝創建新都，將北周宇文氏殿移到這裡，建造此廟，唐朝又利用了隋朝的舊殿，積年累月，朽木難支，故而倒塌，太廟塌壞的時間與陛下的行期相合，沒有必然聯繫。姚崇將太廟的建造歷史講與玄宗，他的解釋正合乎玄宗的心意。玄宗信服，終於促成此行，從而為百姓減少了許多運糧之苦。

開元九年（西元七二一年），姚崇以七十二歲的高齡死去。當時，國家經濟狀況比較好，社會上厚葬成風。三朝宰相姚崇卻不隨波逐流。去世前，他告誡子孫不准崇佛敬道，不准為他厚葬。他要求子孫在自己死後，只穿平常的衣服，不要抄經寫像。對於所謂為亡人造像是為其追福的說法，姚崇認為那都是虛妄之談。他最後囑咐子孫：「吾亡後不得為此弊法。」更值得指出的是，他不但自己反對宗教迷信，也要求子孫後代走這一條路，其用心可謂深遠。姚崇這麼勤儉地安排自己及子孫後代的喪事，雖屬於個人及家庭私事，但針對的卻是當時的社會風氣，無疑起到了破除迷信、移風易俗的作用。

五、滅蝗抗災，造福人民

開元三年（西元七一五年），山東（泛指崤山以東，大致包括今河南、河北、山東等地）發生蝗災，災情十分嚴重。當時老百姓受迷信思想束縛，認為蝗蟲是神蟲，不敢捕殺，而是在田旁燒香祈禱，眼看著蝗蟲漫天橫飛，吃掉一片片莊稼。在這種危急的形勢下，姚崇立即上奏玄宗，引《詩經》及漢光武詔書，證明蝗蟲是可以捕殺的；歷朝歷代以來，有時候所以捕殺不盡，那是由於人不努力。只要齊心協力，就可除盡蝗蟲。玄宗聽後，面露難色，說道：「蝗是天災，是由於德政不修所致，你要捕殺，能行嗎？」姚崇委婉而有力地勸道：「捕殺蝗蟲，古人行之於前，陛下行之於後，除害安農，這是國家的大事，請陛下認真考慮。」玄宗終於被說服了。當時朝廷內外議論紛紛，皆以驅蝗為不便，或以為蝗蟲眾多，不能除盡。玄宗說：「我已同宰相討論過此事，決定驅蝗，今後誰再反對，即行處死。」反對捕蝗的議論暫時平息下來。

接著，如何有效地消滅蝗蟲，成為姚崇日夜苦思冥想的問題。他不止一次地率員奔赴山東受災地區。經過細緻的觀察，姚崇基本上瞭解了蝗蟲的生活習性。不久，他上書玄宗：「蝗蟲怕人，容易驅逐；禾苗和莊稼都有主人在，所以保護的人必定會很賣力；蝗蟲能飛，夜間見火，必定飛往；捕殺時，只要在田旁設置火堆，在火邊挖掘大坑，蝗蟲定會自投羅網，那時邊焚邊埋，一定可以除盡蝗蟲。」玄宗採納了姚崇的建議，派遣御史分道督促，發動蝗區民眾一致行動起來，齊心協力地推行焚瘞之法——即用火燒土埋的辦法滅蝗，還規定他們把各州縣捕蝗勤惰情況上報。實踐證明，姚崇倡導民眾用焚瘞之法消滅蝗蟲的效果很好，山東地區當年農業獲得了較好的收成。

第二年，山東地區又發生蝗災。姚崇按照老辦法，派專使到各地捕殺。此時，朝廷內外議論又起。有些地方官員對捕蝗態度消極，認為捕蝗會遭災禍，朝廷派往各州縣的督察大員無法開展正常的工作。在這種情況下，玄宗也懷疑捕蝗工作能否再進行下去，又同姚崇商量。姚崇堅決主張勸民捕蝗，他說：「有些官吏們死摳書本，根本不懂得變通之道。凡事有時要違反經典而順乎潮流，有時又要違反潮流而合權宜之計。」姚崇列舉了歷史上一再出現的蝗災，後果都很可怕。又說：「今山東蝗蟲，孳生之處，遍地都是，倘若農田沒有收成，人民必定會四處遷移，事關國家安危，不可再拘守常規。縱使除之不盡。也比養著成災強得多。陛下好生惡殺，此事不用你下詔，請允許我下文處理就行了。如果除不得蝗蟲，老臣身上所有的官爵，請陛下一概削除。」玄宗見姚崇說得如此堅決，而且再三權衡利弊，終於答應了他的請求。

在捕蝗過程中，姚崇面對的阻力是相當大的。當朝的另一位宰相盧懷慎勸阻姚崇不要管這種事，搞不好要招禍。他說：「蝗蟲是天災，怎麼可以用人力來制止呢？外面的議論，都認為捕殺蝗蟲是不對的。況且殺蟲太多，有傷和氣。現在如果停止的話，還來得及。望公三思而後行。」姚崇力駁其謬，列舉古代帝王及孔子為例，證明為了人的安全，在不違禮制的情況下，是可以殺生的。他堅定地說道：「如今蝗蟲極盛，只有加以驅除，才可消滅；如果放縱蝗蟲吞食禾苗、莊稼，則其所過之處都要為之一空。我們怎麼能夠坐視山東百姓餓死而不管呢？這件事我已同皇上商量好了，請你以後不要再說。倘若因此而得禍，我願意獨自承擔，與你無關。」

汴州（今河南開封市）刺史倪若水拒不執行捕蝗命令，還說什麼：「蝗乃天災，應通過修德來感動上天。」並以「十六國時漢國皇帝劉聰既除不得，為害更深」為藉口，拒絕應命。姚崇得知後勃然大怒，他在牒報中嚴厲批評倪若水：「古時州郡有好官吏，蝗蟲即不入境。如果修德可以免除蝗災，那麼你那裡蝗災的出現，就是無德造成的了！現在你身為朝廷命官，怎麼能坐視蝗蟲吃食禾苗而忍心不救呢？要是因此而造成饑荒，你將何以自安？」姚崇還說道：「劉聰是著名的昏庸之君，當今皇上賢明仁德，拿劉聰來與當今皇上相比，豈不是大不敬嗎！」倪若水十分害怕，不敢再抗命，只好急忙指揮捕殺蝗蟲。結果證明，他所捕殺的蝗蟲共達十四萬石，「投汴渠流下者不可勝紀」，使當地未出現饑荒。

姚崇身為宰相，他為國家和百姓的利益著想，發起和領導了歷史上這次非同尋常的捕蝗活動。在這件事情上，姚崇不僅表現出了堅定的決心，而且表現出了高人一籌的見識和智慧。滅蝗的結果，既減輕了災情，又糾正了當時禳祭蝗蟲的世俗迷信，是有利於國計民生和社會發展的，具有很大的現實意義。姚崇倡導民眾滅蝗的事蹟，對後世產生了良好影響，受到了一致的肯定和讚揚。例如，除了《舊唐書》、《新唐書》、《資治通鑑》等歷史著作作了詳細記述和肯定之外，明代進步歷史學家李贄在《史綱評要》中也因此讚頌他是「救時宰相」。

六、嚴於律己，不謀私利

姚崇作為武則天、睿宗和玄宗的三朝宰相，不僅智慧過人，而且能顧全大局，以國事為重。他一生嚴於律己，不謀私利，清正為官，使自己立於不敗之地。

武則天長安四年（西元七〇四年），姚崇因母親年事已高，上表太后，請求解職回原籍侍養老母。武則天難違其意，即拜他為相王府長史，罷知政事。同一月，武則天又令姚崇兼知夏官尚書事，同鳳閣鸞台三品。姚崇對此深感不安，立即上書：「我侍奉相王，不便於管理全國的兵馬軍隊等事。而且這樣對相王也沒有好處。懇請陛下解臣之職。」武則天深受感動，便改任姚崇兼春官尚書（相當於禮部尚書），令其掌管國家典禮等事。

唐玄宗開元時期，姚崇雖身居宰相要職，但他並沒有自己的宅第，全家人住在一個很偏遠的地方。他上朝處理政事後往往不能回家，只得就近住在一個叫罔極寺的寺院裡。因此，有時就不得不在寺院裡處理政務。有一次，姚崇得了瘧疾，只好叫家人到罔極寺來照料他。在寺裡，他還帶病協助源乾曜處理政務。據《資治通鑑》記載：「姚崇無居第，寓居罔極寺，以病（瘧疾）謁告。上遣使問飲食起居狀，日數十輩。源乾曜奏事，或稱旨，上輒曰：『此必姚崇之謀也。』或不稱旨，輒曰：『何不與姚崇議之！』乾曜常謝實然。每有大事，上常令乾曜就寺問崇。」源乾曜和姚崇接觸比較多，對於姚崇嚴於律己、勤儉廉潔的作風十分敬佩。他奏請玄宗讓姚崇搬進四方館（屬中書省）住，仍然可以讓家人進入照料。玄宗當即批准。姚崇感到四方館豪華，又藏有公文，不便病人住進去，堅決謝絕。玄宗感動地說：「朝廷設四方館，就是要讓大臣居住。我讓愛卿居住於此，是為國家社稷著想啊！我恨不得讓你住進宮中，住進四方館又何足推辭呢？」在一千多年前的封建社會中，姚崇這種身居要職而能嚴於律己、不謀私利的精神，是極其難能可貴的。

早在開元二年（西元七一四年），玄宗令魏知古任吏部尚書，往東都洛陽，負責考選取士。魏知古也是當時的一個名人，他原為姚崇所引薦，後來與姚崇並列相位。姚崇有兩個兒子在東都任職，知道魏知古是自己父親提拔過的，就想請魏知古為自己謀取私利。後來魏知古到長安，將他們的所作所為都報告給了玄宗。有一天，玄宗裝作不經意地問姚崇：「你的兒子才能與品德怎麼樣？現在做什麼官？」姚崇很坦率地介紹了兩個兒子的情況，說他們為人貪欲，又不謹慎。他估計兩個兒子在東都會走魏知古的門路。玄宗原以為姚崇要為兒子隱瞞，在聽了姚崇的話後，很是高興。玄宗又問姚崇，他是怎麼知道的。姚崇答道：「魏知古本是小吏，我保護過他、提拔過他，並引薦為宰相。我的兩個兒子一定以為魏知古會出於感激我的心理，為他們開後門，答應他們的請託，容忍他們為非作歹。」玄宗聽了，更加佩服姚崇。同時，他又覺得魏知古太不給宰相姚崇面子了，遂鄙薄魏知古的為人，要罷他的官。姚崇請求玄宗說：「我的兒子在外面胡鬧，犯了法，陛下赦免了他們的罪已是很萬幸了；若是因為這件事而罷了魏知古的官，天下必定以為陛下是出於對我的私人感情而這樣做，這會連累了陛下的聲譽啊。」玄宗見姚崇說得情真意切，便沒有處罰魏知古。

作為「救時宰相」，姚崇敢於面對現實，勇於衝破傳統觀念，堅韌不拔，政績可觀，是很值得稱道的。有一次，姚崇問紫微（中書省）舍人齊澣：「我作為一個宰相，可以比得上歷史上什麼人？」齊澣沒有回答。姚崇問：「能否比得上管仲和晏子？」齊澣說：「管、晏之政，雖然不能施行到後世，但還可以保到他們自己死的時候；你的政令，隨時都在更改，似乎比不上他們。」姚崇問：「那麼究竟可以和誰相比呢？」齊澣對他說：「你可以算得上是個救時之相。」姚崇聽後感到很高興，遂投筆寫道：「救時之相，難道就容易得到嗎？」

姚崇一生言行一致，多有善舉，不僅為當時人所讚許，而且也影響到了後代，後來，唐憲宗問宰相崔群：「玄宗之政，先理而後亂，何也？」崔群回答說，玄宗用姚崇、宋璟則理，用李林甫、楊國忠則亂，「故用人得失，所繫非輕」，對姚崇和宋璟的為政還念念不忘。這也從一個側面反映出，姚崇的業績是卓著的，對促成「開元盛世」的歷史功績是應當予以充分肯定的。姚崇歷事四帝，政壇波詭雲譎，不知多少大臣成為政治鬥爭的犧牲品，而他卻能進退俗如。他依靠自己的智慧和清廉的作風，不僅做了許多利國利民的好事，而且使政敵對他無懈可擊，善始善終，成為一代名相。

本文主要資料來源：《舊唐書》卷九六，〈姚崇傳〉；《新唐書》卷一二四，〈姚崇傳〉。

憂國憂民亦仕亦隱　大智大略逢凶化吉

李泌傳

王豔華

唐朝天寶年間發生了安史之亂，唐王朝開始由盛轉衰，政局長期動亂，朝廷內部傾軋不已。這時，政治舞台上出現了一個大謀略家李泌。每當時局的重大轉折關頭，都可以看到他的身影，且多有良謀，為安定時局貢獻殊多。每到局勢粗安後，朝廷內部的傾軋又激烈起來，李泌為避禍而退隱山林。他歷事唐玄宗、唐肅宗、唐代宗、唐德宗四帝，以皇帝的賓友自居，以自己的大智大略報效國家，亦仕亦隱，不止一次逢凶化吉，成為中國歷史上的一個奇才。

一、負經國之才，恥常格仕進

李泌（西元七二二年～西元七八九年），字長源，京兆（今陝西西安市）人，原籍遼東襄平

（今遼寧遼陽北）。他的六世祖李弼在西魏時曾任太保、八柱國司徒，為西魏的最高軍事長官。他的父親李承休曾任吳房縣（今河南遂平）縣令。由此可見，李泌出生在一個官宦世家。

李泌自幼聰明過人，七歲時就能作詩文。人們都稱他為奇才。唐玄宗開元十六年（西元七二八年），召天下精於佛、道、儒學的人入京，公開辯論。有一個小孩叫員俶，才九歲，登台論辯，語言犀利，侃侃而談，將其他參加辯論的人全部折服。許多大臣都稱讚員俶是個難得的才子。唐玄宗也很高興，就問他：「還有像你這樣聰明的孩子嗎？」員俶答道：「我舅父家的表弟李泌比我強。」唐玄宗立即派人將李泌接來京師。李泌來進見唐玄宗時，唐玄宗正和燕國公張說看別人弈棋，也就是今天所說的下圍棋。唐玄宗懷疑李泌是否真的有才，便命張說對李泌測試一下。張說看著棋盤，便要李泌以「方圓動靜」四字作詩一首。李泌遲疑了一會，似乎不明白張說的要求，便請他提示一下。張說便示範道：「方若棋局，圓若棋子，動若棋生，靜若棋死。」李泌明白了這種格式後隨口答道：「方若行義，圓若用智，動若騁材，靜若得意。」張說的那四句只是就眼前的棋局來說，很淺顯，而李泌的四句則充溢著義理和智慧，更顯高明。張說遂向唐玄宗道賀，說他得到了一個神童。唐玄宗顯得很高興，回過頭來再次打量這個面帶稚氣的小孩，說道：「這個小孩很精神，只是腰比身子還粗」這話頗帶諧虐，話中流露著對這個孩童的喜愛。唐玄宗馬上命下人賞賜給李泌一束絹帛，並敕諭李泌的家人：「一定要培養好這個孩子。」宰相張九齡對李泌尤為器重和欣賞，經常把李泌領到自己家，視如家人。

嚴挺之和肖誠都是朝廷大巨，張九齡和二人的關係都很好，但嚴、肖二人卻不和。有一天，嚴挺之勸張九齡，要他斷絕與肖誠的來往，張九齡不同意這樣做。有一次自言自語地說：「嚴挺之太剛直，而肖誠圓滑，挺叫人喜歡。」張九齡正要派下人請肖誠前來，李泌恰在身邊，便率直地對張九齡說：「您原本是一介平民，正因為性情剛直而官至丞相，為什麼又忽然喜歡起圓滑的人來了？」張九齡大驚，沒想到這個小孩子能說出這種有見解的話，馬上改容向李泌道謝，稱他為「小友」。古代的忘年交不乏其例，但像張九齡這樣的宰相和李泌這樣的孩童稱兄道友，在歷史上實不多見。這主要是張九齡為李泌的奇才所折服。

李泌漸漸長大，更加博學多聞，尤精於《易經》。他經常在嵩山、華山和終南山等地漫遊，時而和友人談長生不死之術。表面上看，他常身在名山，但實際上卻時刻關心著國家大事。他自恃有濟世安邦之才，友人勸他通過科舉步入仕途，被他拒絕。他不願像一般儒生那樣按常格仕進。天寶年間，李泌赴京師，徑直向唐玄宗獻上《復明堂九鼎議》。唐玄宗看到李泌的名字，馬上想到他小時聰明過人的形象，立即將李泌召入宮中。唐玄宗要李泌講老子的《道德經》，李泌講得頗為精到，且不時有自己獨到的見解。唐玄宗很高興，馬上命李泌為翰林待詔，也稱待詔翰林，掌表疏批答、應和文章等事。以前雖然就有這種名稱，但不是正式官職，只是到唐玄宗時才成為正式官名，主要用來安置有才學之人。唐玄宗還命李泌充任皇太子的講官，皇太子十分喜歡李泌，待之甚厚。當時楊國忠擅權，他自恃是楊貴妃的堂兄，作威作福，使朝政日趨混亂。節度使安祿山不時進京，與楊貴妃關係曖昧。李泌不時賦詩，對楊國忠、安祿山多有譏諷，對朝政的黑暗也有尖銳的抨擊。從表面上看，這時的唐王朝還維持著一派盛世景象，但實際上暗藏著深刻的危機。唐玄宗耽於酒色，整天和楊貴妃宴飲取樂，不理朝政，致使楊國忠趁機竊權，胡作非為。李泌憂國憂時，但自己身微言輕，便只在詩詞中發洩自己的憂思和感慨。楊國忠自然對李泌難以相容，便在唐玄宗面前對李泌大加攻擊。唐玄宗聽信了楊國忠的讒言，立命將李泌斥逐到蘄春郡。李泌自此又過上了平民生活，經常在一些名山大川間遊歷。同時，他也在時刻關注著時局的變化。

二、助肅宗平叛

唐玄宗後期終於爆發了安史之亂，從此使北部中國長期陷於戰亂之中。這場叛亂成為唐王朝由盛轉衰的分水嶺。李泌滿懷憂國憂民之心，為平定叛亂、穩定國家大局發揮了重大作用，他的大智大略也得到了充分的展現。

安祿山是個胡族將領，任范陽（今北京）、河東（今山西太原）、平盧（今遼寧遼陽）三鎮節度使，統轄著北方廣大地區的軍事力量。他看到唐王朝已腐敗不堪，便於天寶十四年（西元七五五年）冬起兵，從范陽率兵十五萬南下，起初說是討伐楊國忠，不久即發動了全面叛亂。安祿山幾乎沒遇到什麼有力的抵抗，僅一個月就攻占了東都洛陽，並接著向長安推進，在潼關與唐軍展開激烈的戰鬥。第二年正月，安祿山於洛陽稱帝，國號「燕」。安祿山攻破潼關後，長安陷於危機，唐玄宗於六月倉皇向四川逃去。不久，京師長安也被叛軍攻陷。兩京的陷落使全國陷入一片混亂，曾盛極一時的唐王朝這時陷入了生死存亡的危急關頭。面對此情此景，李泌自然憂心如焚。

天寶十五年（西元七五六年）七月，太子李亨於靈武（今屬寧夏回族自治區）即皇帝位，遙尊逃至成都的唐玄宗為太上皇，全面擔當起平定叛亂的重任。肅宗急於招攬賢才，他自然想到了曾和自己朝夕相處的李泌。恰在這時，李泌似乎也意識到了自己的歷史使命，不召而至，令肅宗十分高興。肅宗和李泌徹夜長談，十分投機。李泌向肅宗詳細陳述了天下事成敗的歷史教訓，唐王朝為什麼會出現「貞觀之治」和「開元盛世」，又為什麼忽然出現天下大亂，當前的形勢和平叛的策略等，都令肅宗大有頓開茅塞之感。肅宗要授李泌以高官，李泌堅辭，認為自己尚無尺寸之功，驟任高職既令臣下不服，也於自己不祥，表示願以賓客的身份幫助肅宗安定天下。李泌既然是皇帝的賓客，那麼就不必承擔什麼具體的責任，進退自如，甚至可以發揮其他大臣都無法發揮的作用。肅宗同意了他的請求，使李泌沒任官職，但卻與皇帝形影不離。他入則參與國家大事的謀劃，出則與皇帝同行。李泌以出家人自居，自稱「山人」。當他和肅宗一起出行時，圍觀的人就指著說：「那個穿黃衣服的是當今皇上，那個穿白衣服的是山人。」由此可以看出，李泌和肅宗的關係是何等密切。肅宗遇到什麼大事，都要徵求李泌的意見。肅宗看李泌的衣著形同普通百姓，便賜給他一身金紫衣。

當肅宗於靈武即位前後，其次子建寧王李倓隨侍左右。當時李倓帶領的兵馬很少，在兵荒馬亂時盜賊蜂起，數遇險境，多賴李倓奮勇拚殺，使肅宗多次轉危為安。李倓不僅驍勇善戰，而且頗為孝敬，如果看到他的父皇沒能按時吃上飯，就會急得哭起來。肅宗對李倓自然十分滿意，就打算任李倓為兵馬大元帥，全面負責起平叛大事。這時廣平王雖是肅宗的長子，但還沒有被立為太子。李泌擔心肅宗的這種安排於後不良，便私下對肅宗說：「建寧王誠然很賢能，但廣平王畢竟是長子，且有君主的胸懷。皇上難道想讓廣平王當吳太伯嗎？」歷史上的吳太伯是周文王的大伯父，他看到父親（即古公亶父）想傳位給他的四弟季歷，自己便主動讓位，逃至吳地，史稱吳太伯。肅宗聽李泌這麼一說，反問道：「廣平王將要被立為太子，他還要什麼元帥呢？」李泌答道：「假如建寧王任大元帥以後立了大功，將領們都聽他的指揮，你就是不立他為太子恐怕也做不到了。」李泌接著便說到唐太宗和唐玄宗都是由先掌兵權而後奪皇位的事，這種近在眼前的事不能不令肅宗深思。李泌進一步說：「太子出師稱撫軍，留守稱監國，今天的兵馬大元帥就是撫軍，何不讓廣平王充任此職呢？既有利於征剿，又可以防患於未然。」肅宗深以為是，便按照李泌的建議，命廣平王為兵馬大元帥。建寧王李倓知道此事後，不但不怨恨李泌，反而對李泌十分感激，表示這樣做正合自己的心意。後來的事實證明，這種安排是極富預見性的。在某種程度上避免了一場宮廷內的皇位之爭。有一天，肅宗頗為動情地說：「先生長時間在朕左右，怎麼能長時間沒有名號呢？那豈不是會引起別人的疑惑？」於是便授李泌為銀青光祿大夫，並兼任廣平王元帥府行軍長史。李泌仍堅辭不受，表示作為皇帝的賓客也就很知足了。肅宗不從，懇切地對李泌說：「我也不願使先生屈居臣下的位置，只是天下多事，有賴先生多獻良謀。待天下安定後，聽憑先生實現自己的高尚志向，我決不勉強，只是今天一定要接受官銜。」李泌無奈，只得任職。這雖是散官頭銜，但權力可大可小。肅宗的本意就是使李泌既可名正言順地參決朝政，又能幫廣平王謀劃軍事。從日後的實際情況來看，各種軍國大事肅宗都和李泌商量，「權逾宰相」，即實際權力比宰相還大。有一次肅宗親切地對李泌說：「卿曾服侍上皇，後為朕師，今又為廣平王的行軍長史，我們祖孫三代都從先生的智慧中受益很多。」

肅宗稱帝後，經常在一些小事上計較，尤其是對過去的一些恩怨耿耿於懷，致使對平叛的大事形成干擾。這在下面的兩件事情上表現得十分突出。

一件是對待李林甫的事。李林甫在玄宗時長期任宰相，是歷史上出名的權臣。當時肅宗還是皇太子，李林甫曾多次對他誣陷，使唐玄宗差點兒沒有把他這個太子廢掉。現在肅宗成了皇帝，雖然李林甫已死去數年，但肅宗還是想清算這筆老賬，打算將李林甫的墳墓掘毀，焚屍揚灰。當肅宗把這種打算告訴李泌時，李泌表示反對，認為這樣做就等於告訴天下臣民，當今皇帝的心胸狹小，身為天子而又念念不忘舊怨，不利於爭取敵對營壘中的人。而且，有許多人曾跟隨李林甫做事，他們會以此事為例，煽惑叛軍頑抗到底，不利於平叛大局。肅宗對李泌的解釋很不高興，反問道：「難道往日的事你都忘了嗎？」李泌回答道：「我所憂慮的不在這裡。太上皇治天下近五十年，現避居成都，那裡氣候濕熱，且年事已高，如聽說皇上報舊怨，將自感慚愧。如萬一因此而病倒，不僅顯示皇上胸懷不寬宏，而且不能盡孝道。這種壞名聲對皇上就很不利了。」還沒等李泌把話說完，肅宗就抱住李泌的脖子哭起來，一邊哭一邊說道：「我沒想到這層深意啊！」從此以後對李泌更加信任。

另一件是關於張妃的事。張妃即肅宗的愛妃張良娣，她的祖母是唐玄宗的姨媽。當唐玄宗的生母被武則天殺了以後，唐玄宗即由姨媽撫養長大成人。張良娣本人也聰明伶俐，長得也漂亮，再加上前邊所述的那層關係，所以肅宗對張妃特別愛戀。肅宗稱帝不久就贈送給張妃一具十分昂貴的七寶馬鞍。當時正值平叛的戰爭時期，張妃卻乘坐如此華美的馬鞍，自然不合時宜。李泌於是便勸肅宗，現在應向天下臣民顯示節儉，不宜讓妃子乘坐七寶馬鞍，而應將馬鞍上的珠寶取下來，用來賞賜給平叛的有功將士。肅宗深以為是，接受了李泌的建議。張妃和李泌都是長安人，張妃深怨李泌沒有一點鄉人情分。肅宗便代為解釋說：「李泌這是為社稷著想啊！」於是就命人取下了馬鞍上的珠寶，建寧王李倓在廊簷下聽到後哭了起來。肅宗問他為什麼哭，他說：「我日夜為叛亂未平而憂心，今見父皇從諫如流，我就知道叛亂可指日平定了，竟喜極而悲，不禁哭出了聲來。」肅宗聽了後也頗為感動。但從此以後，張妃便對李泌和建寧王頗為怨恨。不久，肅宗打算立張妃為皇后，與李泌商議。李泌說：「陛下登基後，天下臣民都盼望皇上以國事為重，能早日平定叛亂。至於立皇后，那是皇上的家事，只需聽從太上皇的吩咐就是了，只是時間應晚一些。」肅宗聽從了李泌的建議，使這件不急之務被輕輕放下。

肅宗問李泌，怎麼樣才能將叛亂儘早平定。李泌先從大處分析道：「安祿山叛軍將劫掠的金銀財寶和婦女都送往范陽，足見安祿山有苟且之心，沒有統治中國的遠大志向。在隨安祿山叛亂的漢人中，只有周摯、高尚等數人稍有謀略，其餘的都是烏合之眾。至於天下大計，這些人都一無所知。我估計不出二年，叛亂就可以平定下去了。」肅宗聽了自然很高興，便進一步問平叛的具體策略。李泌首先向肅宗分析了全國的大局。當時，叛軍除控制了洛陽和長安兩京外，還占領了河北和河南的一些地方。抗擊叛軍的主要是郭子儀和李光弼兩支唐軍。郭子儀任朔方節度使，李光弼任河東節度使。另外，以回紇（今維吾爾族）為主的西北少數民族的一支部隊也前來支援平叛。叛軍中善戰的只有史思明、張忠志、安守忠、田乾真和阿史那承慶幾個人。於是，李泌向肅宗建議道：「皇上不必急於求成，王師應求萬全，不留後患，以圖長治久安。今宜命李光弼一面固守太原，一面出兵河北井陘，威脅范陽；命郭子儀取陝西馮翊，出兵河東，威脅長安。這樣，史思明和張忠志則不敢離開范陽、常山（今河北正定），安守忠和田乾真不敢離開長安，於是便用三個地方牽制住叛軍的四員大將。盤踞在洛陽的安祿山身邊就只有阿史那承慶一員大將了。可授意郭子儀不要攻取華陰，使叛軍可以直通關中。這樣一來，叛軍就需要北守范陽，西救長安，在數千里的防線上疲於奔命。其勁騎雖精，但不出一年就會精疲力盡。我軍則以逸待勞，叛軍來時則避其鋒，叛軍撤時就乘勢追擊。然後命建寧王為范陽節度使，與李光弼相犄角，以攻取范陽。叛軍失其巢穴，其滅亡也就指日可待了。」肅宗深以為是，並按照李泌的謀劃進行了一番部署。

不久，回紇兵前來增援，郭子儀率大軍逼近長安。肅宗急於要把長安奪回來，便對李泌說：「今戰必勝，攻必取，為什麼不先攻取長安，反而要先攻取范陽呢？」李泌說：「如果要先奪取兩京的話，叛軍的巢穴在范陽，以後叛軍還會再度興起，官軍會再次受困。更何況我軍所依靠的是回紇騎兵，如奪取兩京的話也要到春天。但關東天氣熱得早，戰馬易得病，西北的騎兵都想早日回家，戰鬥力會大大削弱。即使奪得兩京，叛軍也會在北邊重新休整，再度來犯。所以這樣做很危險，不是萬全之計。」這次肅宗未採納李泌的意見，而是命廣平王為兵馬大元帥，以郭子儀為副元帥，於西元七五七年春天一舉奪回長安。不久，安祿山被其子安慶緒殺死，而盤踞范陽的史思明不聽調遣，叛軍內部發生了分裂，力量大為削弱。於是，唐軍又一舉收復了洛陽。至此，兩京被唐軍收復。但也正如李泌所料，叛軍又在重新聚集，準備再次大舉來攻。

三、輔佐代宗

代宗是肅宗的長子，初為廣平王，後被立為太子時改名李豫。當肅宗打算命建寧王帶兵赴范陽討賊時，便和李泌商議：「我打算命建寧王率兵討賊，但廣平王是兵馬大元帥，擔心這樣做會削弱廣平王的權力。因此，我想把廣平王立為太子，先生以為如何？」李泌稍加思量後說：「今兵事繁忙，立太子是皇上的家事，最好還是請太上皇裁奪。今太上皇尚健在，你如在立太子的問題上自作主張，那麼，人們會怎麼猜測你靈武即位的本意呢？我想，一定有人在製造我和廣平王的不和，請准許我把這些話告訴他，他一定不肯當太子。」李泌告訴廣平王李俶後，李俶十分感激李泌，說道：「還是先生理解我的心意，在想方設法保全我。」廣平王李俶隨後馬上進見肅宗，說：「今太上皇尚未回宮，我哪裡敢當太子！還是等太上皇回宮再作決定吧。」肅宗聽了很是高興，誇獎李俶深明事理。

在那種危機時刻，肅宗的愛妃張良娣卻不時向肅宗進讒言。因為自己未被正式立為皇后，對李泌和兩個皇子都極為不滿，故不時加以陷害。當肅宗欲命而未命廣寧王為范陽節度使時，張妃便向肅宗進讒道：「建寧王因未得到兵權，心懷不滿，正暗中蓄養壯士，準備謀害廣平王。」肅宗一時大怒，立命將建寧王賜死。當時李泌不在肅宗身邊，所以無法相救。廣平王李俶既氣憤，又害怕。氣憤的是張妃胡作非為，怕的是自己和李泌說不定什麼時候也會遭到陷害。於是，廣平王李俶便找李泌商議，說自己打算以武力除掉張良娣。李泌表示反對，一是國難當頭，這樣做會引發朝廷內亂，會使大局不可收拾；二是這樣做風險太大，會加速禍患的到來。廣平王表示，他主要是為李泌的安危擔憂。李泌表示，自己已與皇上說定，收復京師後就退隱山林，所以自己不會有什麼禍患。廣平王說：「先生走後我的處境就更危險了。」李泌安慰他說：「張良娣不過是個婦道人家，不必與她計較。你只要盡心對皇上孝敬，就不會有什麼危險。」實際上，李泌幫助肅宗平息了一場隨時可能爆發的宮廷內亂。

當兩京平定以後，肅宗和李泌商議迎回玄宗的事，說自己仍充太子，以盡子道。李泌說：「太上皇不會回來復位了。人臣尚且七十而傳，何況太上皇復位的話要為天下事勞神呢？」肅宗問應怎麼辦。李泌獻計道，由他和群臣一起上書太上皇，謂皇上每天都盼望太上皇回京，以便早晚請安，以盡孝養。肅宗依計而行。身為太上皇的唐玄宗見書後，回書稱，自己希望以四川一地自養，不再東來了。肅宗見書後頗為憂慮，又找李泌商議。李泌說，這是太上皇在試探皇上，可再次上書。當唐玄宗見到第二次上書後，十分高興地說：「我又可以當天子的父親了。」於是便啟駕回長安，但並未復位。

由於李泌受到肅宗的格外器重，故招致大宦官李輔國等人的嫉妒，對李泌百般詆毀。李泌為避禍，便自請退隱衡山。肅宗儘管不願他離去，但鑑於李泌態度堅決，便賜給他一身隱士服，准許他離職隱居。

在唐軍收復長安後，史思明殺掉了安祿山的兒子安慶緒，在范陽稱大燕皇帝。後來，史思明在向長安進軍途中又被其子史朝義殺死，叛軍集團進一步分裂。唐王朝在得到短暫的安寧後，唐朝宮廷也發生了動盪。寶應元年（西元七六二年），大宦官李輔國率領禁軍捕殺了張妃，肅宗受驚嚇而死。皇太子李俶繼位，是為代宗。

當代宗即位時，李泌還在湖南衡山隱居。代宗派人四處打聽李泌的下落，後終於將他召回京師。代宗想命李泌為宰相，李泌堅辭不受。於是，代宗便仿照其父皇的做法，賜給他一襲紫衣，並在蓬萊殿旁建書閣一處，讓李泌在書閣居住。代宗退朝後，往往穿著便服來書閣，與李泌商議軍國大事。實際上，李泌仍以皇帝的賓客自居，其目的之一是為了躲避朝廷的內部鬥爭，以求自保。越是這樣，代宗對李泌越是格外敬重。

一年的端午節，滿朝大臣都有禮品獻給代宗，只有李泌沒有任何表示。代宗半認真半開玩笑似地問李泌，這是什麼原因。李泌回答說：「我吃的、穿的、住的都是皇上所賜，屬於自己的只有一個軀體了，實在無禮可獻。」代宗說：「我所要的正是先生的軀體。」李泌答道：「我的軀體不屬於陛下又能屬於誰呢？」代宗隨即高興地說道：「先生的軀體既然給了我，那就由不得先生了。」於是，代宗便要李泌還俗吃肉，並在京師當福里賜給他豪華住宅一處，為他娶盧氏為妻，還要李泌出任宰相之職。李泌這時已年過半百，一直過著出家人的生活，始終未娶。這時代宗要他還俗，娶妻吃肉。他起初不肯，一再哀求，但代宗一直不答應，說有話在先。李泌無奈，只得改為過俗人的生活。但對宰相一職，李泌堅辭，不肯充任。代宗後來也就不再強迫他了。

唐中期，朝廷中的內朝官和外朝官的鬥爭日趨激烈。外朝官是以外廷宰相為首的朝官，稱「南衙」；內朝官是以宦官頭子為首的居於禁中的官員，不僅掌管禁軍，而且承宣詔旨，掌管機密，權力甚大。因宦官衙門在南衙的北邊，稱「北司」，故歷史上將這場鬥爭也稱作南衙北司之爭。因李泌經常居禁中，故在外朝官看來，他應是屬於北司的人。儘管李泌極力避開鬥爭的漩渦，但還是不能澈底避開。

起初，大宦官魚朝恩飛揚跋扈，無惡不作。宰相元載和代宗密商，將魚朝恩殺掉。外朝官一時占了上風。元載想趁機除掉李泌，說李泌不時在禁軍中宴飲，與魚朝恩關係密切。代宗說：「李泌輔佐先帝，禁軍中的許多將領都是他的老部下，是我要他經常與這些人會晤的。你不必懷疑他。」但元載對李泌總不放心，仍不時對他攻擊。不久，江西觀察使魏少游請求朝廷委派副手。這時，元載一改過去攻擊李泌的調門，反而對李泌的才能大加稱讚，認為李泌可擔當此任。李泌為了避開這個是非之地，表示願意前往。經代宗允准，李泌開始在江西擔任觀察判官的官職。

李泌外放後，宰相元載更加獨斷專行。於是，代宗便又藉故將元載殺掉。第二年，代宗將李泌召回京師。由於李泌得到代宗的分外信任，因而又招致新任宰相常袞的忌恨。常袞極力要把李泌排擠出京師，便向代宗奏道：「過去賢明的帝王如打算用誰為公卿大臣，就先命他為地方官，以體察民間疾苦，然後重用。陛下既然想重用李泌，何不先派他去當刺史？」於是，代宗便命李泌去楚州（今江蘇淮安）任刺史之職。這時李泌已年近六十，不願離開京師，便向代宗說了一些留戀京師的話。代宗便又將他留了下來。不久，澧州刺史缺員，常袞乘機向代宗奏道：「澧州（今湖南澧縣）十分貧窮落後，必須派能臣前去治理，李泌最為合適。」於是，代宗便命李泌為澧州團練使。李泌剛離京不久，代宗感到澧州荒遠，便又於途中將李泌改任為杭州刺史。李泌在任上革除弊政，關心百姓疾苦，為當地老百姓做了許多好事。

四、輔佐德宗，終至宰相

李泌離開長安不到半年，代宗即病死，德宗李適繼位。自安史之亂後，北方出現了藩鎮割據的混亂局面。這些藩鎮節度使擁兵自重，往往自署官屬，父死子繼，不聽中央調遣。德宗想改變這種局面，拒絕批准藩鎮節度使父死子繼。於是，北方的幾個節度使便聯兵發動叛亂，攻城略地，稱王建制。建中四年（西元七八三年）冬，德宗調甘肅兵五千赴河南平叛，因朝廷未給犒賞，便在半路上發動兵變，攻入長安。德宗倉皇之間逃至奉天（今陝西乾縣）。這些叛兵在長安擁立朱泚為大秦皇帝，並發兵向奉天追擊。這時，都虞侯渾泚、朔方節度使李懷光和禁軍大將李晟都率兵來救，朱泚只好退守長安。

為了集中力量對付朱泚，德宗赦免了北邊的幾個叛亂軍閥。但是，不久李懷光又發動了叛亂。這時，德宗身邊只有李晟一支力量可以依靠了，但德宗對這些武人全失去了信任。於是，德宗又想起了李泌，馬上派人將他從杭州召來，幫自己謀劃天下大事。李泌在當了五年地方官後，又在天下大亂時來到皇帝身邊。德宗授他為左散騎常侍，參與密議。

李懷光的叛亂還沒有鎮壓下去，又遇上中原地區鬧蝗災，形勢更加嚴峻。有的人向德宗建議，應赦免李懷光，以換取他不再為亂，仍許其為節度使。德宗問群臣是否可行，大都贊成這樣做。當德宗問李泌時，李泌拿來一片桐葉，撕成兩半，然後對德宗說：「皇上與李懷光的關係就像這片桐葉一樣，君臣之分已經不可復合了。」德宗頓時醒悟，遂決定不赦免李懷光。

當朱泚為亂時，德宗曾請求吐蕃（今藏族）派兵入援，並許諾，叛亂平定後，將安西、北庭兩地割與吐蕃。當吐番軍兩萬餘人趕至關中時，渾瑊已將朱泚擊潰於咸陽。這時，吐蕃軍不僅不積極追擊，反而對武功一帶大加劫掠，隨即西歸。當京師平定後，吐蕃的使臣來朝，請德宗按照原來所約，將安西、北庭二地割讓給吐蕃。德宗打算如約割讓，李泌勸阻道：「正因為安西、北庭為朝廷所有，所以西北大片地區尚安定，而且對吐蕃是一種有力的牽制，使其不能全力東犯。如將這兩地割給吐蕃，那麼關中就十分危險了。更何況吐蕃一直持騎牆的態度，並劫掠武功，就像盜賊一樣，怎麼還能割讓給他土地呢？」德宗遂改變態度，未將兩地割讓給吐蕃。

貞元元年（西元七八五年）七月，李泌被授以陝虢觀察使。當時，陝虢兵馬使達奚抱暉殺死了節度使張勸，要朝廷委任他為節度使。他還和李懷光的勢力相勾結，共謀對付朝廷。這裡又是水陸交通要道，倘被叛軍占領，往京師長安運糧的道路就會被切斷，京師的形勢就更危機了。正是在這種緊急的情況下，德宗命李泌前往處理。德宗本來要派數千禁軍護送李泌前往，但李泌卻堅持單騎前去。其理由是，倘若率領著大隊兵馬，他們就會誤以為朝廷派兵討伐，反而會促使他們下決心叛亂。更何況當地大部分官兵並不想反叛，一個人前往正可以解除他們的疑慮。於是，李泌便一人赴陝州。達奚抱暉見李泌一人前來，疑慮頓消，並盛宴款待。李泌入城後，對全體將士作了一番安撫，局勢很快平定下來。李泌又勸達奚抱暉，應禮祭張勸，然後要他到一個安全的地方以度餘生。達奚抱暉一一照辦。李泌對脅從的人未予追究，只將為首的五個人解往京師。於是，一場迫在眉睫的大叛亂就這樣被李泌平息了下去。朝廷集中力量對付李懷光，不久便迫使李懷光兵敗自殺。

三年後，李泌因政績卓著而被召回京，封鄴縣侯，命為宰相。當時，因武將經常擁兵自重，割據稱雄，所以德宗對武將頗不信任。而武將也經常感到自危。因李晟和馬燧在平叛中的功勞最大，地位最高，所以自危之心也最重。德宗在拜李泌為宰相時說：「先生早就該任宰相了，卻一再推辭，這次請不要再推辭了。我還要和先生立個盟約，即先生不要報私仇，如報恩的話，我替先生報。」李泌回答道：「我信奉道教，既不與人結仇，也無恩可報。我也想和皇上相約，以後千萬不要誅殺功臣。」李泌說到這裡，看了一下在場的李晟、馬燧，接著又說道：「譬如李晟、馬燧，他們都是為國家立有大功的人，我聽說有人對他們進讒言。皇上當然不會聽信這類讒言，但應杜絕這些讒言。倘若萬一殺了李晟、馬燧，各地的藩鎮就要發動叛亂了。他們二人都富貴已極，已沒有什麼更高的奢望。如皇上不以二人功大而猜忌，二人不以自己位高而自疑。天下也就太平了。」德宗站起身來恭聽，李晟和馬燧二人被感動得流下淚來，當場向李泌拜謝。李泌短短的一席話，將君臣之間的疑慮全部打消，為穩定大局起到了不可估量的作用。

起初，按照宰相張延賞的奏請，德宗曾下詔，大減各地吏員。這些吏員為官府辦事，領取有限的俸錢，一旦失業，致有餓死者。李泌請求德宗准許這些人復職。德宗起初不同意，認為連年戰亂以後，戶口比太平時減少了三分之二，還要那麼多吏員做什麼。李泌卻說：「戶口雖減少了，但事情卻比太平年間增加了十倍。要裁的話，可裁地方官中的冗員，而不可裁吏員。」德宗問哪些人是當裁的冗官。李泌列舉道，各州、縣沒有具體職事的，還有帶「兼」、「試」等字的官員，大體相當於正員的三分之一，皆宜裁去。另外，中朝官的常侍、賓客有十人，其中可裁六人；左、右贊善有三十人，可裁二十人；按照舊制，諸王不出閤，不置官屬，僅此一項亦可裁去大批冗官。德宗一一照辦，結果俸祿還有節省。德宗為此非常高興。

唐中期以後，出現了內輕外重的局面。地方官不僅權重，而且搜刮的錢財也多。京官權輕，俸祿也少。如將一個州刺史調為京官，表面上看官級提高了，但他們卻認為這是被罷權。京官薛邕由左丞被貶為歙州刺史，全家歡慶，只恨貶得太晚了。針對這種情況，李泌建議減少京官數量，提高京官俸祿，「時以為宜」，對內輕外重的局面有所匡救。

太子妃的母親是郜國公主，被人告發，說他時而詛咒德宗，希望德宗早死，由太子繼位。德宗盛怒之下，將郜國公主幽禁起來，並怒氣沖沖地責問太子。太子嚇得不知如何是好。有一天，德宗在李泌面前盛讚舒王賢良。李泌揣測，德宗是打算廢掉太子。在中國古代，立太子被稱為立「國本」，更換太子是件大事，說不定就會引發一場動亂。李泌回答說：「皇上只有一個兒子，卻懷疑他，要立弟弟的兒子。臣不敢以古事相爭，只是想問一下，皇上與諸弟的情誼到底如何呢？」德宗臉色驟變，氣沖沖地問道：「你怎麼知道舒王不是我的兒子呢？」李泌鎮靜地回答說：「皇上以前對我說過。皇上對自己的親生兒子尚且懷疑，侄子又怎麼敢相信能取信皇上呢？」德宗生氣地說：「你違抗我的意願，難道你就不擔心全家人的性命嗎？」李泌激動地說：「臣已經衰老了，今位至宰相，以進諫而死，是臣的本分。假如太子被廢，日後皇上後悔起來：自己只一個兒子還殺了，李泌也不勸阻，那麼我也殺你李泌的兒子。那樣的話，臣就要真的斷子絕孫了。我雖有兄弟的兒子，但不是我所希望要的。」說著說著，李泌竟淚流滿面。德宗也似乎為之所動，臉上的怒氣消失殆盡。於是，李泌又進一步勸道：「皇上懷疑太子，卻稱讚舒王賢良，是否有其他人在窺伺皇位呢？如太子真的有罪，可廢太子而立皇孫，天下仍是皇上子孫的天下。怎麼能以太子妃母親的事來連累太子呢？」經李泌反覆勸諫，德宗終於打消了更換太子的念頭，從而使唐王朝又避免了一場政治危機。

自安史之亂後，藩鎮割據，各藩鎮節度使每年都向皇帝進獻錢財，這種私下進獻每年約有五十萬緡錢。這些錢都用於皇帝的私人花費。後來，這類錢有所減少，每年約有三十萬緡，德宗感到手頭吃緊。德宗便問李泌應如何辦。李泌建議，應杜絕這類私自獻納。今後需要各地進獻什麼東西，都作為稅收計算。這樣一來，皇室也不缺花費，各地方官向百姓徵稅也有法可依，不至於以向皇上獻納為名，加倍搜刮百姓。老百姓的負擔可以減輕，也不會怨恨皇上了。德宗深以為是，遂頒旨實行。

經過一段時間治理，唐王朝的財政狀況大有好轉。以前，因財政吃緊，德宗對功臣的賞賜減少了三分之二。現在府庫充實了，德宗便按原額對功臣賞賜。李晟、馬燧、渾瑊等功臣將多得的賞賜之物轉送給李泌，以示感激。但李泌一概予以婉言謝絕，這使大家認識到，李泌的確是個廉直大臣。

有一次，德宗從容地和李泌說到前幾年的李懷光之亂，認為是天命。李泌針對德宗的這種思想說：「所謂天命，那只是一種已然之言。人主應該行善政，創造天命，而不應該把各種事都說成天命所至。人主如果把什麼事都說成天命的話，那還用得著賞善罰惡嗎？商紂王就說過：『我的王位來自天命，他們能把我怎麼樣？』結果被周武王滅亡了。人主經常言天命，那豈不是和夏桀、商紂王一樣了嗎？」德宗大受啟發，當場表示：「今後我也不說天命了。」在中國古代，天命是個無法說清的問題。李泌卻用三言兩語開導了德宗，使他專注於行善政，不迷信天命，這對治理好國家自然是十分重要的。

正是在李泌的輔佐下，德宗時的政局漸趨安定，政治較為清明，財政狀況也大為好轉。德宗對李泌的貢獻自然十分讚賞，故特加集賢殿和崇文館大學士，令督修國史。李泌以唐中宗時張說力辭大學士為例，固辭不受「大」字，唯任一學士足矣。李泌對官位看得如此淡薄，令德宗和諸大臣都頗為感動。

李泌鑑於西域使臣及其隨從有大批人常駐長安，一直由朝廷提供車馬和生活費用，成為國家一項沉重的財政負擔，便打算解決這個長期遺留下來的問題。李泌經過詳細調查統計，當時長期留居長安的西域使者四千餘人，其中不少人還購置了田產房舍，有少數人還通過放高利貸謀取厚利。由於吐蕃當時控制了河西走廊一帶，道路阻絕，這些使者又不願繞道回西域，故長期滯留在長安。加上唐王朝給他們的待遇優厚，他們就更不願回去了，以至一住就是幾十年。李泌奏請德宗，停止供給這些人生活費用，勸其繞道返回西域。真不願回去者也應自謀生計。這樣可每年節省開支五十萬餘萬貫錢。德宗准予實行，結果這些人卻無一人回去。他們當中有的人當了兵，有少數人還被安排了官職，大部分人像中國老百姓一樣自謀生計。這一個長期遺留的問題得到了妥善解決，為朝廷節約了大筆開支，緩解了財政危機。

德宗時天下雖然相對安定了，但各地藩鎮仍有相當大的獨立性。這些藩鎮都私自聚斂了大筆錢財，隱瞞不報。李泌建議德宗，對各藩鎮頒詔，赦免他們過去聚斂的罪過，以解除他們的顧慮，要他們如實上報，除留一部分充作地方公用經費外，其餘的全部解送京師。對老百姓往年拖欠的稅額，能徵的則徵，難以徵收的則一概豁免。如有弄虛作假者，許人告發。德宗認為這樣做太寬大了。李泌則認為，法令寬大，老百姓得益，而且樂於交納，國家的收入就可以既多且快。德宗下令施行，果然收到了很好的效果，使長期困擾朝廷的財政問題得到了明顯緩解。

在德宗時，吐蕃成了唐王朝的重大威脅，不時攻掠甘肅一帶，使長安感受到很大的危機。李泌為了解除這個威脅，便打算與回紇結好，讓回紇牽制吐蕃。但是，德宗對回紇有一種敵視心理。其原因是，當德宗還是王子時，曾受到過回紇的羞辱，其隨從還竟然被回紇人打了一頓板子，還有兩個人居然當場被打死。這使得德宗對回紇耿耿於懷，並發誓永不與回紇結好。從當時的大局來看，唐與回紇結好是解除吐蕃威脅的最有效的策略。回紇曾數次表示，願與唐重修舊好，並請求和親，但均被德宗拒絕。李泌深知說服德宗的困難，便在一次進諫時故意欲說又止。越是這樣，德宗便越是問個不停，問他到底有什麼心事。李泌這才說道：「有一件關係到社稷安危的大事，只是擔心皇上生氣，才不敢直說。」德宗命他直說勿隱，不論說什麼都赦他無罪。李泌這才說出聯合回紇以牽制吐蕃的建議。德宗一聽到與回紇改善關係的話就想發怒，但一想起剛才的表態，便強抑住怒氣說：「和誰聯合都行，就是不准和回紇聯合！」李泌便又平心靜氣地加以解釋，謂社稷安危事大，個人恩怨事小。倘吐蕃勢力繼續增強，與回紇聯合起來攻唐，唐王朝就危險了。那時再想與回紇聯合也不可得了。如因皇上個人恩怨而誤了國家大事，傳之後世，後人對皇上又該怎麼評價呢？豈不是顯得心胸太狹小了嗎？李泌看德宗有所心動，便在私下又多次勸說，終於使德宗同意了他的主張。回紇得知唐王朝同意與其和好後，十分高興，積極配合唐軍牽制吐蕃，使吐蕃處於兩面夾擊的不利地位。正因如此，所以吐蕃才未對唐王朝造成太大的危害。

貞元五年（西元七八九年）春，李泌病死，終年六十八歲。德宗十分悲痛，為李泌贈官太子太傅。

李泌前後事唐朝四帝，數次為唐王朝扭轉危局，充分展示了他的大智大略，為國家做出了很大的貢獻，也正因為他功高位顯，所以經常受到權倖的傾陷。但是，他卻一次次地逢凶化吉，轉危為安，表現出了常人不可企及的智慧。李泌常言鬼神怪異，因此而常遭人非議。實際上，這正是他的一種自保之術。他自稱「山人」，意即隱士，並不貪圖祿位，故當處境危險時便棄官隱退，坦然自如。有的書上說他好黃老之言，似乎是個道士。其實，唐代是儒、佛、道三教合流的時代。李泌不僅信奉道家學說，而且表現出了不少佛教徒的特點，例如不吃肉食即為典型的特徵之一。當時以及後世的不少人既信奉佛教，也信奉道教，這些人都稱為出家之人。李泌自稱「山人」亦即此意。這成了李泌的一張護身符，不止一次地幫助他化險為夷。這也是他智謀的一個主要特點。

本篇主要資料來源：《新唐書》卷一三九，〈李泌傳〉；《舊唐書》卷一三〇，〈李泌傳〉。

足智多謀安天下「半部論語致太平」

趙普傳

賈貴榮

一、佐命定宋

趙普足智多謀，又直言敢諫，不僅協助趙匡胤建立了宋王朝，而且輔佐宋太宗治國有術，使宋王朝日益富強。他號稱「半部論語治天下，半部論語致太平」，雖有溢美之嫌，但他足智多謀卻是舉世公認的。

趙普（西元九二二年～西元九九二年），字則平，生長於五代混戰時期的幽州薊縣（今河北薊縣）。時軍閥趙德鈞主政幽州，連年用兵，民不堪其苦，紛紛離鄉背井。趙普之父帶領全家人先是逃到常山（今河北省正定縣），後因常山也非安居樂業之處，便最後定居在洛陽。後周顯德初年，永興節度使劉詞召趙普為從事。雖官職不大，但畢竟給了趙普一次施展才華的機會。不久，劉詞病死。因賞識他的才能，特留下遺表將趙普推薦給後周宰相范質。時趙匡胤率兵剛攻下滁州，范質便讓趙普做了滁州軍事判官，對趙普來說，這次升遷本身的意義並不大，重要的是在滁州他有機會認識了趙匡胤，並得到了趙匡胤的賞識與信賴，從此開始了運籌帷幄、定策佐命的謀士生涯。

趙普到滁州不久，便聽說趙匡胤的父親趙弘殷臥床養病。他親赴床前，朝夕侍奉，端水餵藥，精心照料。趙弘殷能在異鄉得到如此細心的照顧，自是感激不盡。久而久之，二人幾成至親，無話不談。趙弘殷發現趙普非同尋常，尤其是對時局的見解多有驚人之論。便向其子趙匡胤極力推薦。趙匡胤初一接觸趙普，也認為是個不可多得的奇才，決定收在門下，隨從左右。一天，趙匡胤準備處死一百多名捉來的盜賊，趙普走上前察言觀色，發現有冤枉者，便向趙匡胤說明內中緣由，請趙匡胤重新審訊。果然，其中大部分是無辜的。事後，趙匡胤更加器重趙普，遂引為心腹。趙匡胤領同州節度使，就用趙普做推官（節度使之佐）。後趙匡胤就職宋州（今河南商丘），趙普便為他的書記（貼身祕書，主管文字）。

官職大了，眼界也開闊了，趙普開始對後周的政局產生了濃厚的興趣。不久，周世宗柴榮在收復幽雲十六州的征途中積勞成疾，撒手人寰。年僅七歲的柴榮之子柴宗訓承繼大統，朝政難免陷入一片混亂之中。當時任禁軍統帥殿前都點檢的趙匡胤不僅手握重兵，而且胸有大志，深得將士們擁護。深思熟慮之後，趙普決心輔佐趙匡胤，坐觀時局，一旦有變，馬上採取措施，做一番驚天動地的事業。

顯德七年（西元九六〇年）春，邊關傳來軍情，北漢契丹聯盟大舉進攻中原。面對這突如其來的消息，後周朝廷上下一片驚恐。宰相范質、王溥緊急召開御前會議，商討對策。最後決定派殿前都點檢趙匡胤率大軍出戰。大隊人馬剛出城門，京城內就傳言紛紛，都說趙匡胤應立為天子。有個叫苗訓的人，號稱上知天文，下知地理，還煞有介事地告訴人們，原來的太陽下又出來一個太陽，預示著要興王易姓。行進中的隊伍之間更是傳言四起，人心惶惶，直至傍晚，大軍才行到陳橋驛（開封市東北）。安營之後，將士們三五成群，都在議論著白天的傳聞。有的說：「當今天子年幼，不能親政，我們出生入死，又有誰知曉呢！」有的說：「聽說都點檢待人寬和，尤其愛護部下，不如乾脆先立他為天子，然後再北征。」趙普認真分析了一天來的形勢，認為機會已到，便和趙光義（趙匡胤弟）商量說，必須馬上採取行動，否則，一旦貽誤時機，後果不堪設想。為了慎重行事，趙普先試探一下前來要求策立天子的將領們：「都點檢對聖上十分忠誠，他是不會饒恕你們這種叛逆行為的。」將領們毫不猶豫地說：「謀上是要家滅九族的，但我們決心已定，決不會坐以待斃的！」一向老成持重的趙普對此仍不放心，再次施以緩兵之計：「立天子是社稷大事，應從長計議。不如北上擊敵，回來後再考慮此事。」將領們仍然表示堅決不答應。此時的趙普再也掩飾不住內心的激動，對身邊的趙光義說：「事情已到這種地步，只有照此辦理了。」接著便和高級將領們一起分析時局，制訂了下一步行動計畫。最後，趙普對眾將們說：「朝代興替雖是天命所在，但也在於人心之向背。先頭部隊昨天已過河，而握有重兵的節度使又盤踞四方，各自為政。如果京城一旦發生混亂，那些有野心的節度使定會乘機起兵，發動叛亂。到時不僅打退不了北漢契丹，就是四方的叛軍也難以對付，我們的一切努力都會付諸東流。」眾將忙說：「願聽高見！」趙普接著說：「目前只有嚴肅紀律，禁止士兵乘亂搶劫，以保證京城秩序井然，人心穩定，方可外御敵寇，內靖四方，諸位將官們也可放心做新王朝的官了。」聽完趙普入情入理的分析和周密嚴謹的計畫，都紛紛點頭稱是，一致表示聽從趙普統一安排。穩住了眾將後，趙普派人星夜返京，密約殿前都指揮使石守信和殿前都虞侯王審琦裡應外合。

次日天還沒有大亮，趙匡胤突然被一陣嘈雜聲音驚醒。他翻身下床，急忙披衣外出看個究竟，見趙普領著一幫全副武裝的高級將領跑過來，將士們迫不及待地高聲叫道：「諸將無主，願立點檢為天子！」趙匡胤還未正式表態，趙普已令人將事先準備好的一件黃袍披在他身上。這就是歷史上有名的「陳橋兵變，黃袍加身」。此次政變，由於趙普的深思熟慮，周密安排，加上將士們齊心協力，趙匡胤兵不血刃便奪取了後周江山。由於趙匡胤、趙普吸取了歷次興王易姓，百姓遭殃的教訓，嚴明軍紀，使得後周臣民沒有重蹈歷史的覆轍，為新興的趙宋王朝贏得了民心、軍心。作為主謀之一的趙普即被授予右諫義大夫，樞密直學士，確立了開國元勛的重要地位。

陳橋兵變，使趙匡胤成功地登上了皇帝寶座，京城安定了。但那些擁有重兵的地方節度使是不會輕易向趙匡胤俯首稱臣的。趙匡胤登基不到三個月，昭義節度使李筠在潞州（今山西長治市北）

首先舉兵，向新王朝發難。宋太祖趙匡胤異常憤怒，決定親征，並派趙普留守京師，籌集糧草。趙普認為此次出征事關重大，應隨從太祖，以備諮詢。太祖答應了趙普的請求，要他扈從鑾駕，一同出征。進軍途中，趙普對太祖說：「陛下初登皇位，定要一舉成功，方能震懾天下弘揚皇威。」又說：「兵貴神速，如果能日夜兼程，出其不意，攻其不備，李筠便可束手就擒！」太祖認為趙普的分析十分正確，便照計而行。果然，李筠兵敗自殺，第一場叛亂很快被平息了。

一波剛平，一波又起。李筠自殺不久，揚州節度使李重進又起兵叛亂。太祖深感棘手，忙召集群臣商討平叛策略。趙普首先進計道：「李重進外強中乾，雖有長江淮河可以憑恃，又修築了堅固的城堡。但是將士們人心思宋，誰也不願為叛軍賣命。李重進剛愎自用，又聽不進別人的計謀，外無援兵可求，內無足糧可資。因此無論是急攻緩攻均可以取勝。但兵貴神速，朝廷最好還是迅速進軍，一舉平叛。」太祖毫不猶豫地採納了趙普的建議，一月之內便平息了第二次叛亂。兩次平叛的成功，充分展示了趙普運籌帷幄、決勝千里的軍事才華，也為宋太祖起到了殺一儆百、懾服天下的作用。

二、雪夜獻計

平定了二李叛亂不久，趙普就開始為太祖謀劃統一全國的大業。建隆二年（西元九六一年）的一個冬天夜晚，風雪交加，寒氣逼人。宋太祖經常微服出訪大臣家，趙普為此常不敢脫衣睡覺。趙普心想，這樣的壞天氣，皇帝不可能再光臨了吧！原來，太祖害怕大臣們結黨營私，篡位奪權，常常微服私訪，洞察人心動向。尤其是那些元老功臣家，太祖不定什麼時候就可能站在門口。趙普正想脫衣上床，忽然響起了急促的敲門聲。趙普開門一看，果然是皇帝立於雪中。他連忙把太祖迎進屋裡。太祖對趙普說「我已約了皇弟（指趙光義）」。不一會，開封府尹趙光義也來了。三人坐下，趙普命家人端上酒菜，捅旺炭火。其妻亦不敢怠慢，親自斟酒。太祖直呼趙普妻為嫂子，顯示了君臣二人非同尋常的關係。事實上，自從滁州趙匡胤之父趙弘殷將趙普認作同宗以來，不僅太祖以趙普為心腹，就是皇帝家人也不把趙普當外人。史載，太祖之母杜太后對趙普尤其器重，每次參與國家大事，仍然稱趙普為書記（趙匡胤給趙普的第一個官銜），以示親切。經常拍著趙普說「趙書記多費心了，我兒還不懂事」。太祖和趙普二人更是合作得非常協調。太祖視趙普為左右手，事無大小，都向趙普徵求意見，然後再行動。趙普更是死心塌地為趙宋王朝運籌帷幄，出謀劃策，可謂竭盡全力，無怨無悔。元代脫脫在《宋史．趙普傳》中感慨萬千地說：「求其始終一心，休戚同體，貴為國卿，親若家相，若宋太祖之於趙普，可謂難矣。」

三杯酒下肚後，趙普試著問太祖，「夜深天冷，陛下不在宮中暖和，為什麼還外出呀！」太祖接著便說：「一榻之外，全是外人的地方，我哪裡能坐得住，睡得著覺呢？只有來見愛卿商量對策。」趙普說：「南征北伐，統一天下正逢其時，不知陛下是怎麼打算的？」太祖不加思索地脫口而出：「我想先攻取太原（時為北漢京城）。」趙普聽後先是一驚，沉默了好大一會，才抬頭向太祖說：「臣很難理解您的決策。」太祖急問為什麼，趙普便將自己深思熟慮後的「先南後北」策略簡單地向太祖說了出來：「太原當西北二邊，假如我們一舉攻取了它，那麼西北二邊的禍患只有我們自己來抵擋了。為什麼不暫且保留它為我們守邊？等我們削平南方諸國後再來收拾它也不遲。太原只不過一彈丸之地，何勞陛下擔心呢？」太祖聽完便哈哈大笑說：「我也是這麼想的，只不過想試試你罷了！」就這樣，「先南後北」的統一大略在風雪交加夜晚的趙普家中最後敲定了。

對於趙普「先南後北」的策略，後人多有微詞。他們認為，削平南方諸國後，宋朝軍隊已將老兵疲，終使幽雲十六州無法收回，從而帶來了宋遼對峙中宋處於弱勢的局面。但如果認真分析一下宋初的形勢，趙普「先南後北」的策略還是比較符合實際情況的。宋朝從後周承繼下來的中原地區曾經連年戰火不斷，經濟凋敝，雖有周世宗的短暫整頓，但一時仍難以恢復元氣。而北邊契丹貴族建立的遼卻是立國數十年，幅員廣大，農牧經濟都很繁榮。契丹人又善於騎射。宋與遼相比，無論是軍事和經濟實力，後者都超過了前者。而處於宋朝南邊的後蜀、南唐諸封建割據國，國君大多苟安一時，昏庸無能，加上數年承平，軍隊戰鬥力很弱，與宋相比，遠處於劣勢。加上南方物產豐富，經濟繁榮，攻取後可為宋提供北伐的物質基礎。

「先南後北」的戰略決定之後，趙普便建議太祖首先選擇國勢衰落、武備廢弛的南平和荊南作為突破口。乾德元年（西元九六三年），宋朝迅速進軍兩國，勢如破竹，大獲全勝。乾德二年（西元九六四年）冬，宋朝兵分兩路，吹響了向物質充裕但政治昏暗的後蜀進軍的號角。僅用了兩個月時間，便使後蜀納入宋朝版圖。從開寶四年（西元九七一年）起分別攻取南漢、南唐。與南唐毗鄰的吳越懾於宋朝的強大壓力，不久便自動表示歸順。至太平興國三年（西元九七八年），南方諸國已經全部削平。第二年，宋太祖領兵又滅了北漢，基本上完成了統一大業。

從建隆三年（西元九六二年）至太平興國四年（西元九七九年），宋朝按照趙普「先南後北」的策略，進行規模浩大的統一戰爭。其間，宋太祖曾兩次改變既定方針，攻打北漢。然均因遼對北漢的援助而以失敗告終。因此，可以說，後人對「先南後北」策略的指責是不足取的。當然，趙普的「先南後北」策略也有很大的遺恨，就是沒有把收復幽雲十六州放進計畫之內，致使宋朝喪失了攻取幽雲十六州的有利時機。史載，勇將曹翰向太祖獻上一幅攻取幽州的地圖，太祖喜出望外，忙去徵求趙普的意見，沒想趙普卻潑了冷水：「曹翰可以攻幽州，那麼誰去守衛呢？」太祖說：「可以再派曹翰守衛嗎？」趙普接著說：「曹翰死了，誰還能代替他呢？」很顯然，趙普認為幽燕之地處於遼的占領之下，即使攻下也難以守住。與其守不住，還不如不取。太祖皇帝對趙普言聽計從，至死也沒再提收復幽燕之事。宋太宗即位後出兵北伐，已近暮年的趙普上書極力反對，認為動搖百萬之眾，所得者少，所失者多。可以說，趙普自始至終反對收復幽雲十六州，不僅對宋初的統一產生了極大的影響，也為後來遼宋對峙中宋採取守勢的局面埋下了隱患。

三、治世三策

奪江山不易，守江山更難。奪取後周江山，面對的只不過是孤兒寡母，兵不血刃便可換代易姓。平定二李叛亂，亦是順天應時，易如反掌。但是，堡壘最容易從內部攻破，也就是說，如果趙匡胤的部下步其後塵，再如法炮製一場兵變，趙宋王朝豈不會成為又一個短命王朝嗎！每念此，作為佐命大臣的趙普深感責任重大，終日苦思冥想，尋求鞏固宋王朝的大計。

平定二李叛亂後的一天，太祖召來趙普問：「自唐末以來幾十年間，帝王數易其姓，戰亂不斷，生靈塗炭，這是為什麼？我想平息天下戰亂，求得國家長治久安，愛卿可有良策？」趙普心中甚是歡喜，因為他數月來的憂慮畢竟沒有白費。便說：「陛下想得高遠，真是天地人神的福氣。這沒有什麼特別的原因，只不過是方鎮權力太大，君弱臣強而已。如果求長治久安，必須削弱方鎮的權勢，控制他們的糧錢，收取他們的精兵。」太祖深納其言，遂照此策略進行了一系列整頓和改革。

時手握重兵的石守信、王審琦等將領是太祖的故交，為宋王朝立下了汗馬功勞。趙普多次向太祖進策，要改換石、王等人的官職，太祖就是不忍心下手。還說：「他們絕對不會背叛我，愛卿有什麼可擔心的呢？」趙普說「我也不擔心他們會背叛陛下。但我仔細地觀察了他們幾個人，均非統帥之才，恐怕難以制服部下。萬一軍中有人發難，他們也會身不由己的。」太祖頓悟，便召集石守信等擁有重兵的高級將領一起歡飲。酒過三巡，太祖便屏退左右侍從，對石守信等人說：「沒有諸將的努力，也沒有我今天的皇位，但做天子的也很艱難，真不如做節度使快樂，我從來沒有高枕無憂過。」石守信等聽後大吃一驚，急問其故。太祖說：「這不難理解，誰不願當天子君臨天下呢？」石守信等頓首道：「陛下何出此言，今天下已定，誰還敢有異心！」太祖說：「諸位當然不會有二心，假如你們的部下有想富貴的，一旦黃袍加到你們的身上，你們雖不想做天子，能辦到嗎？」石守信等聽後嚇得涕零皆下，忙說：「臣等愚昧沒有考慮這麼多，望陛下可憐老臣，指條生路。」太祖說：「人生如白馬過隙，要想富貴，不過想多積累錢財，自享快樂，亦不使子孫陷於貧困罷了。諸位為什麼不放下兵權，外任節度使，選擇良田美宅，為子孫創立永久的家業？愛卿們可以多買些歌兒舞女，尋歡作樂，頤養天年。朕再與諸位永結兒女親家。君臣之間，互無猜疑，不是很好嗎！」石守信聽完恍然大悟：「陛下為臣民考慮得如此周到，實在能讓人起死回生啊！」第二天一大早，石守信等人就將辭職報告遞了上去。太祖當即批准了他們的請求，並重重地賞賜他們。他命石守信為天平節度使，高懷德為歸德節度使，王審琦為忠正節度使，張令鐸為鎮守節度使，皆罷免軍職。趙匡胤賴以奪位的殿前都點檢之職永不復設。

就這樣太祖聽從趙普建議，毫不費力地解除了禁軍將領的兵權。接著趙普催促太祖向其他節度使開刀。開寶二年（西元九六九年）十月，太祖故技重演，宴請各大藩鎮的節度使於宮中。待酒酣之時，太祖語重心長地對節度使們說：「諸位愛卿都是國家的元老功臣，遠離朝廷，公務繁雜，這可絕不是優禮賢能的辦法。」鳳翔節度使王彥超非常明智，一聽便知語中有話，馬上明白太祖的弦外之音，上前說道：「臣本沒有什麼功勞可言，久享皇恩，現在臣已衰朽，只乞求陛下能恩准回歸田園。」太祖便乘機罷免了一批節度使的職務。

奪了禁軍將領的兵權，罷了節度使的職務，誰來為宋王朝保衛邊疆呢！趙普遂為太祖制定了一系列軍隊改革整頓方案。首當其衝的當然是保衛中樞機構的禁軍：一是數次派遣官吏到各地選擇精兵，將武藝高強者納入禁軍行列，即集中精銳兵力保衛京師，保衛皇室的安全。二是樹立精兵樣板，提高禁軍整體的素質。也就是先優選一批身強力壯的士兵做樣子，分別派往各地，充做選擇的標準。然後委派官吏對選好的士兵進行集中訓練，精選之後，一同送往京師，由太祖皇帝親自考試他們的武技。三是實行「更戍法」。宋初不斷發生邊患，趙普便建議太祖派禁軍戍守邊疆，但不固定地方，經常調動。這樣既可以有了鞏固的邊防，又使禁軍能知道守邊的艱苦。同時，採取「將不專兵，兵不知將」，內外上下互相牽制的措施，暫時達到了無內變、無外亂的目的，保證了社會安定。當然，後人對於趙普的謀劃也有所批評，因為北宋中期畢竟陷入了內憂外患的境地，這與趙匡胤的矯枉過正不無關係，與太祖太宗的子孫們循規蹈矩，不加修正亦是分不開的。

打擊一批資深的禁軍將領和節度使的同時，也解除了節度使一職的軍權。但是如果要想從根本上剷除後患，必須進一步從制度上削弱節度使的權限，使其無法形成一方勢力，威脅中央。趙普建議太祖派遣大批文臣知州，管理各州事務，擁有地方行政權。五代時藩鎮強大，朝廷無法控制，詔命達處，封疆大吏們大都不予理睬。乾德元年（西元九六三年）始，太祖接受趙普的策略，逐漸削奪了他們的權力，有的明升暗降，有的遙領他職，更有的退休或罷職。幾年間，幾乎全部實現了文臣任知州的局面。另外，趙普還就限制地方官吏權限問題提出了三條具體方法：其一，京官外任州郡，實行三年任期制，既防止了結黨營私，又體諒了京官長期外任的辛苦。其二，在各州長官職下增設通判一職。此職不屬知州管轄，直接隸屬於皇帝。既防止了他們專權，又可以使他們相互牽制，共同老老實實地為朝廷盡職盡責。其三，是提高七品芝麻官縣令的職位，進一步削弱了節度使的權限。可以說，改革後的節度使之行政權已名存實亡，而朝廷對地方的控制也就達到了「如身使臂」的程度了。

經濟是政治軍事的基礎。五代的藩鎮強大，這是唐天寶以來中央財權旁落所致。自那時起，藩鎮以各種名義截留地方財政收入，中央已很難再從地方上獲取大部分收入了。更可怕的是，藩鎮直接派人控制稅收，大肆搜掠民脂民膏，作為自己建立割據的經濟基礎。乾德二年（西元九六四年），趙普建議太祖，命令各州的租課及稅收，除去少部分可留在地方作必要開支外，剩餘全部上繳中央。太祖採納並連續兩年下發此類詔書，以示堅決。更重要的是，中央在各州設立轉運使，掌管全州的財政稅收，直接隸屬於中央政府，可謂財利盡歸於上了。至此，節度使完全喪失了恣意驕橫、威脅中央的一切物質基礎。

除了改革地方政權的政策外，趙普還為太祖謀劃了中央政府官制改革的藍圖。太祖照此一一實行。首先實行中央政府行政、軍事、財政三權分立，由樞密院掌軍事，中書省（都事堂）掌行政，三司使管財政，完全避免了歷代宰相專權的現象。其次，將歷代御史台的作用由皇帝的參謀機構變成皇帝的耳目。歷代御史台的諫官諫吏只不過向皇帝提提建議而已，改革後的宋代諫官不是勸告皇帝，而是用來監督宰相等官員。通過削弱相權和提高諫官的地位，這就將權力總攬於皇帝之手，進一步加強了皇權。第三，取消權力集中的禁軍殿前都點檢的職位，另設殿前都、馬、步三個指揮使，三人分領禁軍大權。同時，三個指揮使僅有統兵權，而調兵權卻由樞密院掌握。遇有戰爭，臨時委派統兵將領。第四，改革司法管理，控制司法大權。新設審刑院、大理寺，與刑部共同掌握生殺大權。三家互相牽制，統屬於中央。於是，中央集權得到極大加強，自唐中葉以來的藩鎮割據局面被徹底打破。

四、犯顏進諫

經過幾年的南征北討和國內整頓，宋太祖的天下基本上穩定下來了。作為謀士的趙普雖然不至於遭到兔死狗烹的命運，但是要讓太祖像從前一樣言聽計從，恐怕要難多了。另一方面，坐穩了江山的太祖也難免以個人好惡來決定各級官吏的升降，勢必造成賞罰不明，用人失當。要想使自己正確的建議得以實施，趙普只有犯顏直諫了。一次，趙普奏用某人為官，太祖不予理睬。第二天，再將奏本遞上去，太祖仍是不睬。第三天上朝，趙普仍將第一天的奏本遞上去，太祖勃然大怒，當著滿朝文武的面將趙普的奏本狠狠地摔在地上。趙普面不改色，慢慢撿起已經摔破的奏摺，拿回家修補好等再次早朝時遞上去。太祖皇帝終於感悟過來，任命趙普所奏之人為官。此人果然不負眾人所望，為官一任，造福一方。

另有一立功需要升遷的將領，太祖因平日就不喜歡這個人，故遲遲不給他升遷。趙普知道後極力為之奏請，弄得太祖火冒三丈，高聲對趙普說：「朕就是不讓他升遷，看你能對朕怎麼樣！」趙普心平氣和地說：「刑以懲惡，賞以酬功。刑賞是天下的刑賞、不是陛下一人的刑賞。怎麼能以個人的好惡來決定天下的刑賞呢！」太祖不聽這一套，起身退朝。趙普緊隨其後。太祖急忙步入後宮，趙普便站在宮門口，很長時間不離開。太祖無奈，只好答應他的請求，依法為那個立功的將領升了官。

乾德元年（西元九六三年），天雄節度使符彥卿回京朝見，屢向太祖表達盡忠報國之心。太祖聽後十分動情，便想委以兵權。趙普認為符的名位已盛，絕不可再授以兵權，否則後患難免。他數次進諫，均沒有改變太祖的決定。一次退朝後，趙普緊跟太祖後面說：「陛下一定要仔細考慮一下利害關係，才不至於將來後悔！」太祖見趙普屢次嘮叨此事，覺得不可思議：「你為什麼這麼懷疑符愛卿？朕待他不薄，他哪能背叛朕！」趙普直截了當地回答：「陛下為什麼能背叛周世宗呢？」

太祖默然不說話，終於改變了授符彥卿軍權的決定。

有時候趙普碰到太祖濫殺時，也會挺身而出，救大臣於刀俎之下。乾德五年（西元九六七年）初，有人誣告殿前都指揮使韓重斌，說他私自收羅兵士為心腹，這可是觸犯了趙宋王朝的大忌諱。趙匡胤不就是通過此方式奪取後周江山的嗎！因此，太祖一聽到消息，頓時火冒三丈，不分青紅皂白，下令立即將韓推出去斬首。趙普知道韓重斌遭人陷害，苦苦勸諫太祖：「如果韓重斌因讒言被殺，就會造成朝廷內外人人噤若寒蟬，誰還敢為陛下統兵打仗呢？」太祖無奈，只好放了韓重斌一條生路，外任乾德節度使。韓重斌知道趙普給了他第二次生命，次日便登門致謝，趙普閉門不開。這向太祖和世人表明，他和韓之間沒有什麼私交，救韓的目的是為了不使皇帝濫殺無辜，為趙宋江山保留有用的人才，絕無個人私利可圖。為此，朝臣對趙普更加敬重。

開寶六年（西元九七三年）夏，宮中舉行盛大宴會。突然陰雲四起，傾盆大雨從天而降，太祖很生氣。一個時辰過去了，大雨仍沒有停下來。太祖開始暴怒，滿朝文武大臣都嚇得不敢作聲。趙普鎮定自若地對太祖說：「天旱很久了，莊稼都快枯死了，天下的老百姓都在翹首盼雨。況大雨對宴會也沒有什麼損失，不過是沾濕點布帳和樂師們的衣服而已。老百姓卻久旱逢雨，都在感激您的恩德呢？普天同樂，正得其時，請皇帝命令樂師就雨中演技，與天下萬民同樂！」太祖聽後怒氣頓消，宴會在快樂的氣氛中結束。

由於趙普足智多謀，剛毅果斷，犯顏直諫，提拔、任用和保護了不少優秀官吏，避免了太祖因個人好惡而帶來的賞罰不明、濫殺無辜等，威信日益提高。開寶四年（西元九七一年）秋，南唐國王派人送給趙普銀兩五萬。趙普不敢接受，立即稟報太祖。太祖說：「這個可以先收下，然後寫封答謝信，再稍給使者點東西就行了。」趙普還是叩頭推辭，太祖說：「我們是大國，要有自己的風度，不要讓人瞧不起？儘管收下，不用擔心！」趙普便自己借人白銀五萬兩回送給南唐。開寶四年（西元九七三年）冬，太祖突然駕臨趙普家，正巧吳越王派遣使者送給趙普書信一封和海貨十箱。聽說太祖來了，趙普馬上出門迎接。太祖見東西後就問是什麼東西，趙普如實回答。太祖說肯定是上等海貨，命令左右打開箱子，結果裡面全是金子。趙普十分害怕，馬上叩頭說：「臣還沒有來及看信，要知道是金子，肯定會奏請陛下處理的。」太祖笑著說：「但受之無妨，他們還以為國家大事全決定於你們這些書生呢。」

功高震主。趙普竭盡全力效忠於太祖，太祖皇帝也曾視他為左右手，也曾當著滿朝文武百官的面對告發趙普的人火冒三丈，斥責說：「你難道不知道趙普是社稷大臣嗎！」並當場折斷柱斧（一種禮器）二齒，以示堅決！這一切都沒能使趙普免於罷相的結局。當然，這與趙普的部下多行不法亦有關係。史載，趙普居功自傲，強行買下京郊一大片良田以擴建自己的府宅，被諫官彈劾；又有手下人打著他的名義非法從山西販運木材到開封，以牟取暴利。趙普的對手抓住把柄，對趙普大加彈劾。趙普遂被趕出內廷，外任地方節度使。直到太祖死時，趙普再也沒有回到宰相位上。

五、再佐太宗

開寶九年（西元九七六年）十月二十日，宋太祖趙匡胤撒手人寰。其弟趙光義承繼皇位，是為宋太宗。按理來說，宋太宗跟隨宋太祖多年，無論是陳橋兵變，還是南征北討，都為趙宋王朝的建立與鞏固立下了汗馬功勞。其兄死後，由他繼位並無什麼不可。但是，中國自周朝便確立了嫡長子繼承制，早已深入人心，突然冒出個「兄終弟及」來，一時難以令人接受。因此，自從太宗繼位以來，朝廷內外有關太祖死因的傳聞便沸沸揚揚。

據說，趙匡胤還在行伍中時，就碰到過一位道士，預言他將來能登上皇帝寶座，但是當趙匡胤真當了皇帝後，又再也沒見到這位道士的蹤影。開寶九年的一天，趙匡胤再次碰到了道士，忙把他召入宮中，斥退宮人，急忙問：「你能否告訴我，我的壽命還有多長？」道士道：「今年十月二十日晚，如果晴空萬里，星斗滿天，陛下的壽命則還有一紀；否則就得趕快考慮後事安排。」太祖非常相信道士的話，因為他畢竟預言準了自己登上九五之尊的事實。

好不容易熬到十月二十日晚，太祖急忙登上太清閣，望著晴朗的夜空，心中十分高興。正想下閣，忽見天空突變，陰雲四起，不一會便飄起了鵝毛大雪。太祖知道事情不妙，趕快回宮，令人招來趙光義。二人進入寢殿，擺酒對飲。被屏退的宮人從遠處看見燭光下二人不時離開酒席。直到三更時分酒席方散。門外的積雪已有數寸厚。太祖手拿柱斧，一邊戳著地上的雪，一邊對趙光義說：「好辦！好辦！」不久便回寢室睡覺，一會便傳來如牛似雷的酣聲。天快五更時，太祖寢室的酣聲突然停止了。宮人進屋一看，太祖早已不省人事。留宿在宮中的趙光義受遺詔在太祖靈柩前即位。這就是歷史上有名的「斧聲燭影」之謎。對此，千百年來，眾說紛紜，莫衷一是。近來又有人考證，宋太祖生前身體健康，沒有什麼大病，絕不會飲酒之後就突然死亡。肯定是趙光義迫不及待篡奪皇位，於酒中下了毒藥所致。

太宗繼位後，先逼死了太祖的兒子趙德昭，除掉了皇位的最大威脅。當然，太宗的擔心也不是多餘的。他即位不久親征幽州，德昭亦隨駕出征。一天晚上，軍中一時找不到太宗，將士們開始謀劃立德昭為帝。太宗知道後十分惱火，儘管部隊已攻取了北漢，人困馬乏，還是下令乘勝收復幽雲十六州，結果是無功而返。回朝後，本應對攻取北漢的將士們論功行賞，不論攻取幽雲十六州之事是否成功。但太宗對謀立德昭一事懷恨在心，遲遲不提酬賞之事，弄得將士們議論紛紛。出於好意，德昭將實情告訴太宗。沒等說完，太宗已火冒三丈：「你當了皇帝再為他們請功行賞也不遲！」德昭知道大事不妙，回去便自殺身亡。不久，太祖的另一個兒子也不明不白地死了。

逼死了太祖的兩個兒子，趙光義鬆了一口氣，但是弟弟廷美還健在。要知道，對付廷美要比對付兩個侄子麻煩多了。太祖兩個兒子死後，使忠於太祖的大臣們更加懷疑趙光義殺兄篡位。為了擺脫困境，除掉廷美，太宗開始尋找能幫助自己穩住皇位的人。趙普便成為第一人選：一是趙普是元老重臣，他的言論最具分量；二是趙普因專權罷相數年，也該坐夠冷板凳了，如果重被起用，定能為自己效犬馬之勞。後來的事實證明，趙普果然沒有辜負太宗的期望。

太宗即位之初，命廷美為開封尹。朝廷內外有不少人以為，太宗將來要傳位給廷美。太宗先以傳位問題試探趙普，趙普毫不猶豫地說：「太祖已錯了，陛下哪能再錯！」太宗聽後堅定了除掉廷美的決心。史載，趙普復入相，廷美逐漸為太宗所不容。廷美見勢不妙，上書太宗，願位在趙普之下。但是這並不能改變趙普幫助太宗除掉他的初衷。太平興國七年（西元九八二年），太宗乘船出遊，有人告發廷美欲乘機篡位。太宗回宮後便罷免了廷美開封尹的職位，命他任西京（今洛陽）留守。

東山再起的趙普老謀深算，一邊幫太宗除掉廷美，一邊要趁機會將自己的政敵盧多遜除掉。早在太祖朝，趙普和盧多遜常有齟齬。後趙普罷相，盧為宰相，對趙普經常詆毀。趙普的兒子回家完婚不足月餘，盧多遜找理由令其到外地任職，使趙普十分惱火。一次，太宗召見趙普，趙普乘機向太宗哭訴「臣開國舊臣，居然要受權佞小人的窩囊氣！」不久，朝中就有人告發盧多遜與廷美交往甚密，常串通一氣詛咒太宗，大逆大道。太宗下令貶盧多遜死在崖州，為趙普出了口惡氣。當然，盧多遜也是罪有應得，史載，盧在赴海南途中就食於路旁小餐館，碰到一位老太婆頗知京城舊事，盧多遜便和她多說了幾句話。老太婆也不知他就是盧多遜。盧說：「聽您的談話，知您應是京城的人，為什麼一個人孤苦伶仃地在這裡？」老太婆一聽不覺潸然淚下：「我本是中原一士大夫家人，有一個兒子做官。宰相盧多遜讓他做違法的事，我兒堅決不聽。盧大動肝火，反以我兒違法為名，將我兒抄家流放崖州。未過一年，我兒全家相繼死亡，剩下我孤老太婆一人流落山谷，今暫時借居路旁小店。那個姓盧的宰相嫉賢妒能，仗勢壓人，多行不法，定不會善終。老天有眼，不讓我早死，但願能在這裡和他碰面。」盧多遜聽完不覺打了個寒顫，悄悄地走開了。

除掉了盧多遜，趙普進一步考慮廷美的問題。他認為廷美謫居西京（今洛陽），離京城太近，較容易和朝中大臣串通，便讓開封尹李符上書太宗，說廷美在西京不但不閉門思過，反而怨聲嘆氣，似有不滿情緒，請求朝廷從重發落，再遷遠處，以防不測。太宗便下令，降廷美為涪陵縣公，遠離京都。由此可以看出，在處理太宗廷美關係問題上，趙普深刻吸取了當初太祖和太宗兄弟關係的教訓。在太祖朝，趙普從維護太祖的地位出發，極力阻止趙光義封王。事實上，直到趙普罷相時，趙光義才得以封王。太宗後來曾當著朝臣的面說過，他與趙普有過不和，就是指太祖朝封王的事。後來趙光義登基做了皇帝，趙普處於尷尬局面，理所當然要受冷落。如今太宗要他幫忙除掉廷美，要是不把廷美置於死地，使其永遠失掉登基的機會，萬一東山再起，登上九五之尊，趙普就是有三頭六臂，恐怕也是在劫難逃了。

為了報答太宗重新起用的厚恩，趙普不僅為除掉廷美出謀劃策，而且要為太宗繼位尋找合法的依據，以消除籠罩在朝廷內外的陰影。於是，他便一手製造了「金匱之盟」。稱建隆二年，杜太后處於彌留之時，傳趙普接受遺命。趙普急忙趕來，只見杜太后拉著宋太祖的手問：「你知道自己為什麼能得天下嗎？」太祖說：「全靠祖上和您的恩德。」杜太后馬上糾正說：「不對，是因為周世宗使幼兒主持朝政。假如周氏有長君統治天下，恐怕就不會有你的皇位了。因此待你百年之後，必須傳位給弟弟光義，那才是社稷之福啊！」太祖聽後跪在床前，一邊哭一邊說：「母親想得長遠，孩兒一定遵命！」然後，杜太后對趙普說：「你一定要記住我的話，不可違背。」於是，趙普便將此事寫成誓書，藏在金櫃子裡面，命人小心看管。這就是「金匱之盟」。當趙普把誓書奉來給太宗並說明來歷後，太宗感慨萬分，與趙普之間的恩怨全部煙消雲散：「人誰無過，朕今年還不到五十，已盡知四十九年的過錯了。」太宗遂恢復了趙普的一切待遇，還追他為梁國公。趙普的這一計不僅使太宗繼位披上了合法的外衣，安定了因傳位問題所帶來的人心浮動局面，而且使君臣二人盡釋前嫌，改變了趙普長期受冷落的地位。

太平興國初年，西蜀人陳利用在京師開封賣狗皮膏藥，玩弄些雕蟲小技以迷惑市民。太宗聽說後也逐漸為其所惑，開始寵信陳利用，並為其封官許賞。陳利用頭頂鄭州團練使的官銜，到處招搖撞騙，欺壓百姓，無惡不作。趙普一回到宰相位，馬上派人暗中查訪陳利用的不法行為。當趙普查到陳利用有殺人之事時，便稟告太宗力請予以嚴懲。太宗很不情願地殺掉了陳利用：「難道我這一國之君就保護不了他的一條小命嗎？」趙普慷慨陳詞：「陳利用罪惡滔天，不殺他不足以平民憤，不殺他國無以立法。」最後太宗無奈，只好賜死陳利用。

六、以《論語》治國

淳化三年（西元九九二年）七月十四日，走完七十一年人生歷程的趙普病逝於洛陽。消息傳到朝廷，太宗為之悲悼，廢朝五日，派遣專使洛陽主持喪事。下葬之日，太宗親自撰文並親筆書寫了趙普神道碑，對其一生給予了高度評價。並贈趙普為尚書令，追封真定王，謚號忠獻。規格之高，人臣已極矣。太宗的兒子真宗（趙恆）追封趙普為韓王，稱他「識冠人彝，才高王佐，翊戴運業，光啟鴻圖。雖呂望肆伐之動，蕭何指縱之效，殆無以過也」。

趙普作為兩朝重臣，出入朝廷三十餘年，為趙宋王朝的建立與鞏固立下了蓋世功勛。從陳橋兵變到掃平二李，從「先南後北」定統一大計，到治世三策，成長治久安大業，太祖始終引以為心腹，事無大小，多用趙普之計。儘管後來太祖罷了趙普的相職，但宋初的一切創制，無不留下趙普智謀的烙印。太宗繼位，趙普再被起用，佐太宗除掉了廷美，製造「金匱之盟」，為太宗繼位披上了合法外衣，安定了因太宗篡位帶來的不穩定局面。二人盡釋前嫌，共同創造了太宗朝的繁榮。史載其為相十幾年，剛毅果斷，以天下為己任。此譽不為過。但縱觀趙普其人，既不是出身於書香門第，也未經名師教誨。建隆末年，太祖想更改年號，命趙普呈上過去王朝沒有用過的年號以供選擇。太祖看後確定用「乾德」。後平蜀，有人獻上後蜀宮中寶鏡，太祖接過來，發現背面有「乾德四年鑄」，不覺大吃一驚，太祖便拿著鏡子問趙普，趙普也不知怎麼回事。太祖只好召集學士陶谷、竇儀等人問明情況。竇儀說：「這肯定是蜀的東西。過去蜀主王衍用過這個年號，寶鏡大概是那時鑄造的。」太祖聽後不覺仰天長嘆「宰相須用讀書人」，並勸趙普多讀書。此事說明趙普確如史載：「少習吏事，寡學術。」

那麼，趙普的智謀，到底從什麼地方來的呢！時人傳說，他為相只讀一部《論語》。《宋史．趙普傳》和《續資治通鑑》亦是這麼記載的：趙普每遇國家大事，退朝回府後便閉門讀書，有時竟一天不出房門。第二天上朝，便對答如流。家人感到很奇怪，趁他不在家時溜進屋來偷看，只發現一部《論語》。太宗聽說後也感到很奇怪，就問趙普，趙普毫不隱諱：「臣平生所知，確實不出一部《論語》而已。過去我以其一半輔佐太祖取得了天下，現在想以另外一半輔佐陛下贏得天下的太平。」於是，後人一說到趙普，便馬上會聯想到一句俗語：「半部《論語》治天下，半部《論語》致太平。」

《論語》是孔子和其弟子的對話記錄，書中以通俗易懂的方式，深入淺出地向世人揭示了人生哲理，趙普從中獲益匪淺，使其在關鍵時刻正確地處理了與太祖太宗的君臣關係。身仕兩朝，三度為相，最終使自己的謀略得以貫徹實施。《宋史．趙普傳》說他和皇帝「休戚同體」，「親若家相」。太平興國八年（西元九八三年），太宗在宮中宴請趙普。酒至半酣，太宗即興賦詩，手贈趙普。趙普接到御詩，激動得老淚縱橫，泣不成聲：「陛下賜臣的詩，應當雕刻於石上，和臣的朽骨一起同葬九泉。」太宗聽後亦為之動容。次日，太宗對左右近臣提起此事，仍感慨頗多：「趙普為國家建立了不朽功勛。朕自布衣時便與他相識相處，昨天看到他頭髮白了，牙齒也掉了，不想再麻煩他為國家操心了。直說不便，只好以詩明之。沒想到他感激得滿臉是淚，我也為之濕眼。」宋琪說：「趙普昨天來中書省，手捧陛下御詩，亦是感激涕零：『我老了，恐怕今生今世不能再為聖上效力了。只盼來世再效犬馬之勞！』今天又看到聖諭，君臣始終之分，也算是兩全了。」因此可以說，作為佐命定策謀士，趙普不僅表現了高超的政治軍事才能，而且在處理君臣關係上為後人樹立了典範。在這方面，也可能從《論語》中受到許多啟示。

本文主要資料來源：《宋史》卷二五六，〈趙普傳〉；卷一，〈宋太祖本紀〉；卷四，〈宋太宗本紀〉；《續資治通鑑》卷一至二十。

性剛直犯顏直諫　退遼兵轉危為安

寇準傳

張立華

生活於北宋初年的寇準，剛正清明，忠誠機智，名垂青史，為世代傳頌。他懷著匡扶大宋的慷慨大志，為宋廷出謀劃策，殫精竭慮，卻被奸佞小人所排擠，屢進屢退，三起三落，最後客死於偏遠的荒州。這種悲劇結果的產生，一是由於北宋社會的昏暗腐朽，奸臣當道；二是寇準本人孤軍奮戰，未能組織起正義之師向邪惡之徒進攻。加之寇準性格豪放，正道直行，疾惡如仇，容易被邪惡之徒所暗算。

一、少年奇才，初試鋒芒

寇準（西元九六一年～西元一〇二三年），字平仲，華州下邽（今陝西渭南東北）人。先世曾居太原太谷（今山西太谷）昌平鄉，後移居馮翊（今陝西大荔），最後遷至下邽。

寇準出身於名門望族。曾祖父寇賓、祖父寇延良皆學識淵博，因逢亂世，均未出仕。父親寇湘，博古通今，擅長書法、繪畫，尤其在辭章方面小有名氣，曾於後晉開運年間（西元九四四年～西元九四六年）考中進士甲科，應召擔任魏王趙延壽記室參軍（王室祕書）。宋初，因寇準顯貴，其父被追封為三國公（燕國公、陳國公、晉國公），追贈官職至太師尚書令（即宰相）。

顯赫的門第，書香的熏陶，寇準自幼便受到了良好的教育。加之他天分極高，又十分刻苦用功，少年的寇準就脫穎而出。十四歲時，已能寫出不少優秀詩篇，十五歲時，就能精心研讀《春秋》三傳（《左傳》、《公羊傳》、《穀梁傳》），指評時弊。

封建時代的文人，大多走的是一條科舉取士之路。胸懷大志的寇準正欲施展抱負，有為於宋朝，科考是必經之路。太平興國五年（西元九八〇年），十九歲的寇準懷著經綸天下之志，躊躇滿志地踏上了科舉出仕之路，來到京都汴梁（今河南開封）應試，考中進士甲科，並取得了參加宋太宗殿試的資格。當時，因宋太宗非常喜歡錄用中年人，覺得年輕人缺乏經驗，有人就勸寇準多報幾歲年齡。寇準非常鄭重地說：「我正思進取，豈可欺矇國君？」足見寇準誠實、忠直的一面。

宋太宗是自五代以來第一位非武人坐天下的皇帝。即位之初也重武，一則是因為當時形勢需要他繼承太祖的統一大業，二則要在眾將面前樹立起形象，鞏固帝位。無奈武運不昌，高梁河二戰，太宗匹馬單騎逃回後，對外政策愈發保守。重新調整了的內外政策，以守內虛外為核心，以文致治。為了加強和鞏固統治的基礎，宋太宗廣為網羅人才，認為科舉才是國家選取真才的唯一途徑。他對侍臣說：「朕欲博求俊才於科場中，非敢望拔十得五，即使十中有一二個真才，也可以治理好天下了。」為此，宋太宗完善了科舉取士制度，並把殿試定為制度，以選拔真才實學者，為朝廷服務。寇準素懷濟世之略，有經綸天下之心，在殿試上，憑著滿腹經綸，博得了宋太宗的賞識，一試得中，受任為大理寺評事（此為虛銜），擔任了大名府成安縣（今河北成安）知縣。

寇準雖出身名門顯貴，卻也頗通民情、民心，中國歷代的「民本」思想對他也有較深刻的影響。在他任知縣期間，極力使百姓擺脫巧立名目的攤派，嚴格按照國家規定徵收賦稅和徭役，大大減輕了人民的負擔。每當稅收和征役時，在縣衙門前張貼布告，上寫清應徵對象的姓名、地址及繳稅數目。這樣一來，百姓心中明明白白，主動前來繳稅、服役，使惡霸、衙役不至於橫行鄉里，魚肉百姓。

寇準在任期間，為了充實國庫，豐裕一方百姓，還出台了獎勵耕織，鼓勵墾荒的一系列政策。所轄縣境內人民踴躍墾荒，致使荒地大片開墾出來，百姓安居樂業。由於寇準政績顯著，數年間多次升遷。先後擔任過殿中丞、鄆州通判（今山東東平）、學士院召試（為皇帝起草詔令）、右正言（諫官）及三司度支推官等。在寇準擔任言官時，根據自己的觀察，坦言直陳，深得正直之士的嘉許。就是在太宗面前，寇準也絲毫不改直爽的性格。宋太宗即位之初，為表示自己下通言論，經常召集群臣議論朝政，並希望群臣直言相諫。一次，朝中君臣對與契丹議和問題進行討論，眾臣皆迎合宋太宗之意，主張對契丹議和。宋太宗經過幾次伐遼戰役失敗的打擊後，對北伐契丹失卻了信心和決心。雖然北方警報頻傳，宋太宗對出師一點把握也沒有，朝廷上下籠罩著一股恐遼情緒。寇準聽到議和的議論後，當即提議：契丹屢屢侵犯我邊疆，只能加派勁兵駐守，加強為量，不可與之講和。然後他分析了備戰與講和的利害，建議加強邊地武將的兵權，任賢修政，選勵將士，再次北上伐遼，是能夠收復失地的。屈辱求和，這是太宗在感情上接受不了的，因為畢竟恢復舊疆也是他的志向，所以寇準一番話，使太宗聽來非常順耳，在一定程度上消除了他的一些恐遼心理，對大臣們也是一種鞭策，起到了凝聚人心的作用。因此，太宗更加賞識寇準，旋即提升寇準為樞密院直學士（掌最高軍事機關中的機密文書）。

但是，「伴君如伴虎」。寇準為人非常正直，每次他都從朝廷利益出發陳述自己的主張，即使與皇帝意見相悖、惹怒太宗也毫不退縮。一次，寇準上朝奏事，因其豪爽之性，不會揣摩皇帝的心思，言辭有些激烈，惹得太宗發怒，起身就要退朝。寇準卻上前扯住衣角，讓太宗坐下，繼續勸諫，直至事決之後才罷。太宗息怒後，細思寇準的忠直，反而對他更加信任。太宗高興地說道：「朕得寇準，猶如唐太宗得魏徵。」既讚揚了寇準，又抬高了自己。

淳化二年（西元九九一年）春，天氣大旱，農業歉收。之後又雪上加霜，鬧起了蝗災。人們對異常的自然現象議論紛紛。宋太宗急忙召集大臣，議論施政得失，大臣們多推說「天意」，而不願與朝政聯繫在一起，故而虛辭搪塞。寇準感到有必要借此促進一下政治，並借此平反幾個冤獄。他站出來，引經據典，進行了剖析：「《尚書．洪範》有言，天與人之間的關係，猶如形和影、音與響一樣，大旱的徵兆，似是譴責刑罰不當。」太宗一聽有指責他治國不當的嫌疑，一時龍顏發威，起身退朝，把滿朝文武晾在一邊，誰人還敢言？過了一會兒，宋太宗稍微心平了，氣也和了，又傳命召見寇準。雖有剛才一番急風驟雨，但寇準依然故我，非但沒有後退，反而更容易直截了當地指出問題所在。宋太宗問他：你說治國刑罰有不當之處，究竟有何根據？」寇準說：「願把中書省樞密院二府長官召來，我當面評議得失。」

宋太宗立刻宣喚二府長官王沔等人。寇準面對權要大臣，嚴辭指斥道：「前不久，祖吉、王淮二人徇私枉法，私自受賄。祖吉所受賄賂數目極少，卻被判處死刑；王淮監守自盜，侵吞國家資財多至千萬，卻因為是參知政事（副宰相）王沔之弟，只受杖刑。事後照樣為官，這不是執法不平嗎？」太宗當即質問王沔有無此事，王沔連連點頭，叩頭謝罪。太宗深感不快，怒斥王沔，大殺了二府的邪氣，並對這種錯判給予改正。宋太宗為獎賞寇準的忠正廉直，把用通天犀製作的兩條玉帶賜給了寇準一條。

淳化二年（西元九九一年）寇準升任同知樞密院事。在此期間，發生了一件影響他政治前途的大事，他被捲入了官場鬥爭的漩渦。

淳化三年（西元九九二年）的一個夏日，寇準與同僚溫仲舒一起騎馬來到郊外，突然一個瘋子來到馬前，倒頭便拜，口中狂呼「萬歲」。寇準一向粗疏，未把此事放在心上。不料，此事被知院

（樞密院最高長官）張遜得知，因張遜與寇準關係不睦，數次爭吵，張遜早有意把寇準排擠出樞密院。此時乃唆使心腹王賓向宋太宗告發，添油加醋一發揮，寇準的非分之念似乎已經成立。宋太宗看到奏章後，立即傳訊寇準，斥責他居心不良。

面對如此險惡的局面，寇準十分冷靜地為自己辯解。他說：「這是有人故意陷害。試想，狂徒跪在臣與溫大人兩者面前，為什麼張遜卻指令王賓獨奏寇準有罪？」張遜讓王賓詳析其罪，寇準便讓溫仲舒作證洗冤。雙方在朝上唇槍舌劍爭吵起來，互不相讓。太宗感到二人的做法有失體面，雙雙貶斥。張遜貶為右領軍衛將軍，寇準被貶為青州知州。

二、擁立太子，始登相位

宋太宗一怒之下貶斥了寇準，但卻時常想起他的忠正清直，逆耳忠言，有意召回。一次，太宗語帶雙關地問：「寇準在青州過得快樂嗎？」君側小人害怕寇準回朝，伺機誣陷寇準，打消了太宗的念頭。他們說：「青州是個富庶的地方，寇準為一州之長，生活怎能不快樂呢！」「聽說寇準天天喝得大醉。陛下如此想念寇準，不知寇準是否想念陛下。」一番語，太宗的心涼了，寇準的路也被封了。

淳化五年（西元九九四年）九月寇準才從青州應召返京。此時的宋太宗已近晚年，被立太子一事攪得心緒不寧，先後有馮拯等人因請立太子之事被貶，因此宮中之事，無人敢言。及太宗聞寇準入見，頓時放下心來。寇準入見時，正值太宗腿病復發，褰衣讓寇準看，說道：「朕年老多病，現在又犯腿疾，你為何現在才來？」寇準說：「臣不奉詔，不敢來京師。」太宗說：「卿試言朕諸子中，誰可以繼承大寶？」寇準回答：「陛下是為天下揀選君主，不可與婦人或宦官商量，也不可與近臣議論，如此大事只有陛下宸衷獨斷，挑選能夠不負天下之望者。」太宗低頭細思許久，讓左右退下，對寇準說：「立元侃可以嗎？」寇準早已心許，答道：「知子莫如父，聖意既然認為可以，請馬上決定。」太宗於是以元侃為開封府尹，並晉封為壽王，正式立為皇太子，寇準因其所奏甚合太宗心意，官拜參知政事（副宰相）。詔命頒下，太子行告廟禮，還宮路上，京師士民爭相觀看，齊聲歡呼「少年天子」。太宗聽說，心裡很不高興，召寇準入見，對他說：「人心都歸太子了，把我放在什麼地位上？」大凡皇帝都害怕權力、地位的喪失，說話稍有不慎，有可能觸其隱痛，生出禍端。宋太宗的青年時代，恰逢其兄趙匡胤已在高位，居於統治集團上層這個圈子之內。包括趙匡胤登基之後，宋太宗在一個較高的層次上目睹和參與了統治者上層的鬥爭，生活的教科書所給予他的多是政治鬥爭的內容，因而過早地諳熟了耍手腕、搞權術，猜忌心太重。在他登上皇位後，猜忌其弟其侄，害怕他們威脅自己的皇位，至道二年（西元九九六年），太祖宋皇后去世。宋太宗還在忌恨宋皇后當初企圖立德芳之事，竟不想以皇后禮節安葬。當時翰林學士王禹偁說了一句「後嘗母儀天下，當遵用舊禮」的公道話，觸到了太宗的痛處，竟「坐謗訕，責知滁州」。這時，宋太宗的猜忌心又在作怪了，看到自己的兒子受到擁戴，也很不愉快。寇準非常明白太宗隱怒的原因，應付得十分巧妙。他拜賀道：「陛下選定可以託付神器者，今太子果然得到民心擁戴，這正是社稷之福啊！」太宗這才轉憂為喜。入宮，後嬪六宮都來慶賀，太宗頗覺興奮，破例召寇準一起飲酒，直喝得酩酊大醉。至此，皇位繼承問題才算最終得到解決。寇準的機智化解了一場紛爭或者也可能是一場宮廷鬥爭。幾句話，使元侃化險為夷，元侃即後來的宋真宗。

寇準以他的機智使後來的宋真宗渡過危機，同樣，他也以自己的才幹使邊民化干戈為玉帛。至道年間（西元九九五年～西元九九七年），秦州（今甘肅天水）番民因宋廷的驅趕政策掀起了騷亂。當時秦州知州溫仲舒把渭南的番民一律逐到渭北，還修築柵欄、堡壘，用以阻隔番民的往來。番民對此十分不滿，寇準敏銳地洞察到這一情況。他向宋太宗分析道：「唐代的帝王十分重視漢、番各民族的友好交往，大臣宋景等也主張不賞邊功，終於造成邊疆的安定局面，出現了開元年間的太平盛世。而今，封疆大吏貪賞邀功，以至輕啟邊釁，怎能不招致禍亂呢！此事可要十分警惕！」太宗連連稱是，忙把溫仲舒調回，派寇準前往渭北安撫番民。

寇準到了秦州後，親自察訪邊情，迅速拆除了渭水南岸的柵欄、堡壘，恢復了番民的帳篷廬舍，調解了當地各族人民的關係。從此，秦州境內出現了安定、和平的局面，各族人民得以友好相處。

安撫好邊民的寇準回朝不久，又一場政治風波在等待著他。至道二年（西元九九六年），宋太宗在京師南郊舉行祭祀天地的大禮。事畢，中外官員皆得加官進秩。寇準身為副宰相，所引薦之人多得清要官位，難免招致嫉妒，尤其是奸佞小人從中推波助瀾。比如，彭惟節位次一向在馮拯之下，此後卻晉陞至馮拯之上。馮拯不服，仍列銜在彭惟節之上。寇準指斥馮拯擾亂朝制。事關重大，馮拯也不甘示弱，蒐羅了寇準的罪狀，彈劾寇準擅權，且列舉出一些任官不平的事例。

宋太宗看後，對寇準的做法十分不滿。久居朝中，一些大臣很會察言觀色，本與寇準十分要好的參知政事張洎這時見風使舵，不惜出賣朋友，落井下石，檢舉寇準誹謗朝政，以表明自己的清白。恰在這時，廣東轉運使康戩又上言：宰相呂端、參知政事張洎、李昌令皆由寇準引薦陞官，呂端與寇準結為至交，張洎一向曲意奉迎寇準，而李昌令軟弱不堪，因而寇準得以隨心所欲，變亂經制。

如此一奏，寇準的罪名就大了。太宗回頭責察呂端。呂端見情勢緊迫，自身難保，便順水推舟把罪名給了寇準，對太宗說：「寇準剛烈任性，臣等不欲反覆爭辯，只怕有傷國體。」事已至此，寇準恐是有口難辨真假。對於無端的指責，依寇準的性格是絕不會相讓的。因此在朝上，寇準奮力辯解，並拖來中書省授官的卷宗，大有不分出是非曲直不罷休的架式。這使太宗十分反感，當年七月，就貶寇準為鄧州知州。後又遷官工部侍郎，歷任河陽、同州、鳳翔、開封等知州、知府。寇準正道直行，疾惡如仇，其品格十分高尚，但這卻不是將相謀臣至關重要的東西，善善而能用，惡惡而能去，必須兼備智謀、涵養和當機立斷的特長。寇準雖有治國之謀略，但卻缺乏對付奸臣小人的計謀和手段，致使他在官場爭鬥中成為犧牲品，並且越陷越深，以至斷送了自己的政治前途，其教訓是深刻的。

三、再起拜相，促駕北征

寇準雖被貶放官遠郡，但其忠正清直的性格卻被京師人所讚賞、傳頌。及宋太宗病死、宋真宗趙恆即位後，欲銳意興革，勵精圖治，廣開言路，遂召回了寇準。宋真宗對寇準深懷好感，早就想拜他為相，但又擔心他性情剛直，難以獨當全局。直到景德元年（西元一〇〇四年）七月，寇準才由畢士安舉薦，榮登相位。這年，宰相李沆病逝，宋真宗任命畢士安為參知政事。畢士安進朝謝恩，宋真宗說：「且勿早謝，還將拜你為相。現在正是多事之秋，國家無一日不可無相，急需棟樑之材。你認為誰可以與你同為相者？」畢士安答道：「為相者，必須具備雄才大略的氣度，方能勝任。我已老矣，難以勝此重任。我向皇上舉薦一人，他必能輔佐皇上，大有作為。此人就是寇準。寇準忠義兩全，果斷、有才幹，是個宰相人才。」真宗說：「人們都說寇準好意氣用事，比較衝動。」畢士安非常瞭解寇準，他對真宗說：「寇準做人做事方正有加，為人慷慨有節，忠心為國死而後已。疾惡如仇，素來如一，在朝臣中還找不出第二個這樣的人。由於他憤世嫉俗，剛正不為邪惡屈，所以遭到了別人的指責。現在天下安寧，人民休養生息，秩序安然，還感覺不到人才的重要。但是在西北仍存在憂患，它時刻威脅大宋的江山。所以寇準這樣的棟樑之材，實在是朝廷所急需的。」一番話，打消了真宗的疑慮，即拜寇準與畢士安同居相位，二人志同道合，十分融拾。寇準守正嫉惡，屢受小人誣陷，而畢士安忠厚和善，有長者風範，且能化解各方矛盾，使寇準免遭打擊。

寇準任相之時，宋朝北鄰的契丹政權正處於上升時期，擴展疆土的慾望十分強烈。咸平年間（西元九九八年~西元一〇〇三年）宋遼之間的戰爭各有勝負，但遼軍的侵略勢頭未被遏制，之後秣馬厲兵，伺機再次南侵。景德元年（西元一〇〇四年）契丹正在涿州（今河北涿州）一帶集結軍隊，時常與宋軍發生遭遇戰，但作戰稍有不利，就引兵退走，還故意裝出漫無鬥志的樣子，藉以麻痺宋軍。寇準得知這一情報後，立即上奏，提出簡練士卒、分扼要害以禦敵的建議。他說：「這是敵兵大舉入侵前的慣用伎倆。請加緊練兵點將，簡選驍勇，增派精銳部隊把守關隘要地，防備遼兵入侵。」宋真宗採納了寇準的建議，派遣楊延昭、楊嗣等將，分別把守邊關要塞，嚴密監視敵軍。

果不出寇準所料，十一月，遼兵大舉南侵。遼國蕭太后、遼聖宗耶律隆緒親率大軍二十萬先攻威虜、安順兩軍，繼攻遂城、保州，然後會兵望都，直指定州。宋軍統帥王超擁眾兵依唐河為陣，按兵不動。契丹軍仍採取歷次所用避實擊虛、實行深入的策略，自定州以東宋軍防守的薄弱之處，突破王超自以為是銅牆鐵壁的唐河防線，兵至望都以東的陽城淀，分師三路，深入祁州、深州（今河北滄縣、深縣）境，沿胡蘆河東進，攻瀛州，乘虛抵滄州、冀州、貝州、天雄軍（今河北滄縣、冀州、清河、大名），攻下德清軍（今河南清豐西北），直驅澶州（今河南濮陽）北城，準備渡河南進，直接危脅宋朝都城開封，並有分兵攻掠京東諸州之勢。

契丹軍疾風暴雨般的進攻，使宋朝廷內部驚慌失措。邊關告急文書，一夕五驚。在群臣惶恐無主時，寇準卻顯示了傑出政治家難能可貴的鎮定風度。他將告急軍報擱在一邊，照舊飲酒談笑，安定了人心。但一些膽小怕事的臣僚十分驚慌，忙把軍情轉奏給宋真宗。趙恆對契丹的入侵本來就缺少足夠的思想準備，這時卻不知如何措置為好，急召寇準。寇準坦然自若，漫不經心地說：「陛下欲了此患，只需五日便可。」真宗便問有何妙計，寇準便請御駕親赴澶州。趙恆害怕赴河北，推說回後宮商議。寇準向前阻住，勸諫道：「倘若陛下入宮，則群臣不得見君，必然惶然無主，那就要貽誤軍國大事。懇請陛下立即起駕，以安人心。」畢士安從旁附議，力勸真宗領兵親征。迫不得已，真宗只好思議親征，召集群臣商討進兵事宜，一些貪生怕死的大臣出來反對皇帝親征。參知政事王欽若是江南人，主張皇帝遷都金陵，以避遼軍；簽書樞密院事陳堯叟是川蜀人，他請求御駕西幸成都。真宗本來就顧慮重重，聽此二人一講，不免動搖起來。

寇準為了堅定真宗親征的決心，在朝堂之上，義正辭嚴地駁斥了南逃之議，為真宗分析其中的利害。他說：「誰為陛下出此南遷之策，就有可殺之罪。當今皇上神武非凡，武將與文臣又能同心協力，若大駕親征，敵人必定不戰自潰。如其不然，還可縱奇計挫敗遼兵，堅守城池使敵勞師費財。彼勞我逸，利弊迥別，我可穩操勝算。為何要拋棄宗廟社稷，流亡到偏遠的楚、蜀二地呢？如果那樣，所在人心動搖，遼兵必乘虛直入，大宋江山豈能復保？」真宗聽罷，甚覺在理，本來真宗覺得南逃之議也不可取，同意了寇準的建議，決定領兵親征。這時遼兵攻勢更加猛烈，河北大名急需一名大員進行全面統轄。寇準深知王欽若智謀多端，擅於權術，唯恐他留在朝中擾亂視聽，再次阻撓北上成議，便舉薦他出任此職。王欽若有口難言，只好勉強就任，這就為主戰勢力搬開了一塊絆腳石。

景德元年（西元一〇〇四年）十二月，宋真宗從京城出發，北上澶州。行至韋城（今河南滑縣東南）時，復因有人勸他南退金陵，避敵銳氣，產生動搖，召寇準商議進退。寇準正色勸諫道：「今敵已迫近，四方危心，陛下只可進尺，不可退寸。」並指出退卻的後果，必是「萬眾瓦解，敵乘其後，金陵也回不得了」。但真宗仍是惴惴不安，難以啟駕。寇準見此，心生一計。他急忙走出，找到殿前都指揮使高瓊，問道：「太尉深受國恩，今且何以報效國家？」高瓊大聲道：「高瓊為一武夫，但願以死殉國。」寇準聽了十分高興，對高瓊面授機宜，然後去見真宗。高瓊隨後而入，立於庭下。寇準對真宗說：「陛下對我的話不以為然，何不聽聽武官高瓊的意見？」高瓊趕忙奏道：「寇宰相之言確是良謀。目前敵師鋒芒受挫，我軍士氣旺盛。陛下正應親征督戰，以期促成大功。」宋真宗見將帥也如此堅持，只好繼續前進，行至衛南（今河南滑縣），得知攻打澶州的契丹軍受挫敗退，懸著的心這才放下，繼續進至澶州南城（澶州因黃河從此經過，故南北岸分建兩城）。初欲到此為止，寇準力排眾議，執意真宗渡河北上，他說：「陛下不過河，則人心越發不安。若不前進威懾敵軍，煞煞遼寇氣焰，我軍絕難取勝。況且，楊延昭、楊嗣、王超諸將已經率領勁兵分屯中山等地，李繼隆、石保吉諸將排開大陣迎擊遼軍，左右牽制；四方征鎮赴援的將領也紛紛趕來勤王；陛下此行萬無一失，為何遲疑而不進呢？」宋真宗聽罷軍情，才繼續渡河北進。

宋真宗在澶州北城門樓，接見了眾將帥。城下諸軍，見皇上親征，歡聲雷動，備受鼓舞。這時先後集結到澶州周圍的宋軍達幾十萬人，將士們只等朝廷發布號令，便驅逐強敵，復仇雪恨。河北前線各地的軍民聞聽趙恆親征，也紛紛發動攻勢，出擊敵人。莫州團練使楊延昭還上書，主張乘敵軍人困馬乏、我方士氣高漲之際，由朝廷飭令各軍，扼敵歸路，圍而殲之。且收復幽薊故地，也指日可取。但是真宗沒有這樣的勇氣和信心，只想盡快結束戰爭，無論採取何種辦法。他把軍事大權悉數交與寇準，由寇準指揮對遼作戰。但遼軍近在咫尺，宋真宗的心始終放不下來，夜不成眠，暗地裡派侍從察看寇準的動靜。卻看見寇準依舊飲酒、下棋，還不時談笑、歌吟。宋真宗聽說寇準一如既往，立刻放心了，心想：寇準如此坦然，我又有何憂！其實，寇準未必不是焦思如焚，夜不成寐。但作為前線的主帥，只有鎮定自如，才可安定軍心、民心。寇準所作所為正起了這樣的鎮定作用。

宋、遼在澶州相持多日。遼兵孤軍深入，急於求成，但卻數次受挫，其統帥蕭達攬被宋軍射死，遼軍士氣受到很大影響，加之給養困難，久陷中原戰場對其十分不利。耶律隆緒和蕭太后採納宋朝前降將王繼忠的建議，派人傳信給趙恆，提出罷戰議和，條件是遼國長期占有山海關以南的土地。這正和宋真宗的夙願，他當即回書表示，宋朝也並非喜歡窮兵黷武，願雙方息戰安民，派殿直曹利用為使議和。契丹復派使韓杞面見真宗，提出以索還後周世宗時收復的關南故地為罷戰條件。真宗深怕割地議和，為後人唾罵，只要不割地，可不惜重金與之言和。真宗之意，是想快快結束戰爭，早日回到京師。寇準堅決反對這樣做，且欲令遼國稱臣，使之獻出幽、薊十六州土地。為此，他獻計真宗：「若依計而行，則可保百年平安；不然，數十年後敵人仍將生事。」可宋真宗無心久戰，推脫說：「數十年後，自有禦敵的人物。我不忍生靈塗炭，姑且議和吧」。

寇準依然堅持自己的主張，無奈朝中大臣多是貪生怕死之輩，紛紛在真宗面前詆毀寇準。有人甚至說：寇準主戰，是為了藉機抬高自己。寇準在受到四面圍攻的險境下，只能忍痛放棄有利的戰機，同意議和。曹利用出使遼營前，問真宗到底可允許給契丹多少，真宗不加思索地說道：「若逼不得已，雖百萬亦可。」寇準聞知，激憤不已，把曹利用召至帳下，命令他「所許銀兩不得超過三十萬，否則，回來後要砍頭。」宋遼最後以宋每年給契丹銀絹三十萬兩匹達成協議，罷戰言和。這就是歷史上有名的「澶淵之盟」。

「澶淵之盟」是在宋軍初戰勝利並且可望取得更大戰果的形勢下簽訂的屈辱和約。即使如此，倘若沒有寇準機智、果敢、堅定的鬥爭藝術，河北地區將長期淪於敵兵鐵蹄之下，後果更是不堪設想。這是寇準最為突出的建樹，顯示了他的治國才能及不屈不撓的鬥爭精神。為達到真宗親征的目的，他用拖延法，使宋面臨十分險惡的境地，然後激將真宗，使其答應親征。在親征途中，寇準顯示了自己的軍事才能，遇亂不驚，鎮定自如，穩定了人心，首先在心理上戰勝了敵人，為宋軍出師制敵，最終勝利奠定了基礎。同時，寇準一路上還要不斷打消宋真宗退卻的念頭，沒有頑強的意志，沒有胸中韜略在握，是絕難勝任的。

澶淵之盟是一個妥協的產物，遼國偏得重惠，乃引兵北歸。訂盟之後，宋派何成矩、李允則、楊延昭等一批強幹的官員和將領，分駐北邊要地，使河北地區穩定下來。同時，宋為了向遼表示友好，「改威虜軍曰廣信、靜戎曰安肅、破虜曰信安、平戎曰保定、寧邊曰永定、定遠曰永靜、定羌曰保德、平虜城曰肅寧。」這些沿邊地名的改變，對當時民族關係的改善是有積極意義的。宋遼邊境漸漸平靜下來，真宗不免得意起來，也日益器重寇準。寇準朝中大權在握，選賢任能，懲治邪惡，正大刀闊斧地實施他的治國良策，卻對日益逼近的官場暗流毫無察覺。

澶淵之盟後不久，宋真宗就把善於奉迎的王欽若召回京城，給以資政殿學士的寵遇。王欽若在戰前遭寇準痛斥後，一直懷恨在心，伺機報復。景德三年（西元一〇〇六年）的一天，宋真宗會見文武百官。朝散之後，寇準先自退班，宋真宗敬慕寇準，以至注目遠送。王欽若看在眼裡，心中已盤算好了如何使真宗疏遠寇準的辦法。他說：「陛下如此敬重寇準，想必是因為他立下捍衛國家的功勞？」真宗點頭稱是。王欽若出其不意地說：「澶淵之役，陛下不以為恥，反以為寇準有功於國，究竟是何道理！」宋真宗不解其意，王欽若就分析道：「城下訂盟，為《春秋》所恥。澶淵之盟正是在大敵逼近城下而簽署的盟約。陛下以大國皇帝的尊嚴，竟然訂立城下之盟，世上還有比這更大的恥辱嗎？」看到宋真宗臉色大變，王欽若繼續火上澆油，欲置寇準於死地，他說：「陛下聽說過賭博的事吧。賭徒快要輸光的時候，便盡其所有來做賭注，這叫作『孤注』。寇準讓皇上親征，是拿皇上作『孤注』，孤注一擲豈不是危道嗎？」這些話，給真宗的心頭罩上了一層陰影，竟使他接連幾天悶悶不樂，寢食不安，也漸漸疏遠了寇準。當時起用寇準，真宗是讓他幫自己渡過難關。寇準為相後，不僅在幾次關鍵時刻，爭理不讓，使真宗有些狼狽不堪，而且敢於打破慣例，提拔任用寒俊敢言之士，論列朝政，也讓真宗不自在。經王欽若的挑撥，往昔的尷尬一併襲來，對寇準已生棄意。不久，宰相畢士安病逝，寇準失去了保護傘，景德三年二月，真宗以寇準「過求虛譽，無大臣禮」為藉口，罷其相，出知陝州（今河南三門峽市）。後來，寇準又改任戶部尚書，兼知天雄軍，鎮守河北大名。天雄軍地處邊疆，與遼相望，寇準在其任上，加緊備戰，以抗擊來犯之敵。遼國得知寇準到此，對寇準人品極為讚賞，曾派使者勸降寇準，遭到嚴厲的拒絕。一計不成，又使出挑撥一招，說：「相公德高望重，為何不在中書省做官，卻到天雄軍來呢？」寇準機智、巧妙地對答道：「如今朝廷無事，無需我居中任職。皇上以為天雄軍係北疆鎖鑰，非我執掌不可。」寇準的一片忠君愛國之情溢於言表。

四、誤進天書，三登相位

寇準被罷相後，宋真宗任命王旦為宰相，王欽若、陳堯叟為參知樞密院事。一班朝臣中，只有王旦較有德望，奉公守法，但缺乏向邪惡勢力鬥爭的氣魄和勇氣。其他如王欽若、陳堯叟之輩，老奸巨猾，治國無方，惑主有術，煽動真宗東封泰山，西祀汾陰，鬧得烏煙瘴氣。王、陳二人的倒行逆施，引起朝野的不滿，遭諫官連章彈劾。復有人上書揭露其賣官鬻爵，家藏禁書，真宗罷免了二人。及宰相王旦病逝後，朝中無人，真宗又想起寇準。這時寇準正在前往永興軍的途中。他沒有想到，一個關乎他名譽的難題擺在了面前。

宋真宗崇封祥瑞，沉湎於封祀，朝內一班大臣也極意屈奉迎合，希求加官晉爵，以固權位。每次封祀前，都有人奏報得到「天書」，而真宗也就奉「天書」為先導，進行大規模的封禪活動，以至於「天書」頻頻出現。子虛烏有的「天書」也未能使最不信天書的寇準倖免於難。天禧三年（西元一〇一九年）三月，巡檢朱能與內侍周懷政通謀，偽作「天書」，置於長安西南的乾佑山。當時寇準已調往此地，任永興軍長官。宋真宗得到「天書」的消息，欲得「天書」，但朝臣中有人堅決反對，認為天書純屬無稽之談。有人就獻計說：「最不信天書的是寇準，如讓寇準進獻天書，官民準會信服。」於是，真宗命周懷政曉諭寇準進獻天書。

這確實給寇準出了一個大大的難題。寇準是不相信天書的，認為是荒誕不存在的，但作為政治家的寇準是不甘寂寞的，他的治國謀略還待施展，況官場廝殺、拚搏，也是其樂無窮。在權力欲的支使下，寇準聽從了其婿王曙的慫恿，攜帶「天書」入朝進獻。宋真宗一見，非常高興，親自將寇準迎入禁中。不久即拜寇準為相，兼任吏部尚書，重又捲入政治的名利場。

進獻「天書」是寇準一生最大的失策。但寇準畢竟還保持著自己正直的性格，對別人的譏諷進行了深刻的反省，認為自己是「名利」思想在作怪，足見其坦蕩的胸懷。

真宗在拜寇準為相時，寇準舉薦丁謂為參知政事，作為自己的副職。在對待丁謂的問題上，寇準犯了一個嚴重的錯誤。

丁謂此人多才多藝，機敏過人。但為人壬，善於揣摸人意，曲意奉迎，趨炎附勢。寇準只看到丁謂的才學，卻未能及時察覺丁謂無德。其間，有許多人向寇準提醒，要提防丁謂。寇準的同年好友張詠曾以死極諫，仍未引起寇準的警惕。寇準的膽識確有過人之處，而深沉不足，在對待丁謂的態度和做法上，寇準反其道而行之，重用丁謂，結果卻被丁謂所害。

丁謂由寇準舉薦升任副宰相，對寇準十分謙恭，乃至低頭哈腰，曲意逢迎。寇準對其做法開始反感起來。有一次朝廷會宴，寇準在豪飲之後，鬍鬚上沾上了羹湯，丁謂馬上站起來親手為寇準拂拭。寇準先前雖被他一時矇蔽，但終究不失清廉正直本性，難與此輩同氣相求。今見他如此奴顏婢膝，心生厭惡，譏諷他說：「丁參政是國家大臣，怎麼能屈尊為人擦鬍鬚呢？」使丁謂十分難堪，下不了台，對寇準便記恨在心。樞密使曹利用也曾受過寇準的當面挖苦，曹利用為一介武夫，因平定宜州（今廣西宜山）陳進起義之功，青雲直上。每當二人議事有分歧時，寇準就譏諷他說：「君一武夫，豈知此大政！」他也對寇準懷恨在心。丁謂、曹利用由此串聯一起，伺機排擠寇準。

天禧三年（西元一〇一九年）十二月，宋真宗任命曹利用、丁謂為樞密使，執掌軍機。手握重權的丁、曹二人開始向寇準發起了進攻。而寇準卻未能組織起正義之師，向邪惡勢力反擊，只是單槍匹馬，孤軍奮戰，終於又被拉下馬來。

天禧四年（西元一〇二〇年）宋真宗得了風癱病，患病後的真宗日益迷信，對軍國大政敷衍應付，餘則避居深宮，沉溺丹鼎。劉皇后漸漸專權於政。此前，劉氏宗人橫行不法，強奪蜀地百姓鹽井。真宗礙於皇后情面，本想原宥其罪，無奈寇準鐵面無私，依法懲治。為此，早已惹惱過劉皇后。及真宗臥病，劉皇后執掌政柄，曹利用、丁謂趁機依附劉皇后，並結納內親、翰林學士錢惟演，聯黨固權，沆瀣一氣，引起朝野紛紜。寇準深以為憂，於是奏請趙恆：「皇太子漸已成人，人望所屬，願陛下思社稷之重，付以神器，以固萬世根本。丁謂為人奸佞，不可以輔佐少主，請擇方正大臣以為羽翼。」真宗點頭答應。寇準既得允准，立刻密令翰林學士楊億起草詔書，擬用太子監理國事，且欲用楊億輔政，取代丁謂。楊億深知事關重大，候至深夜，方才逐退左右，親自撰寫書稿，事情機密，無人知曉。這年六月，事至關鍵時刻，寇準卻在狂飲之後，醉酒走漏了風聲。丁謂急找錢惟演等，通謀劉皇后，讒言趙恆，說寇準專權，欲挾太子，架空皇上，圖謀不軌。真宗患病後，事多健忘，這時竟記不起與寇準商定過傳位之事，輕信了丁謂等所言，將寇準罷相，降為太子太傅，擔當有名無實的角色，擢參知政事李迪為相。

繼之，丁謂又與趙恆的親信宦官、入內副都知周懷政發生矛盾。周懷政與客省使楊崇勛等人合謀，欲殺掉丁謂，復相寇準，奉趙恆為太上皇，傳位太子，廢劉皇后。並商定於天禧四年（西元一〇二〇年）七月二十五日起事。就在政變發生的前一天晚上，楊崇勛臨陣畏懼，向丁謂作了告發。丁謂聞變，身穿便服，乘坐婦人轎車急找樞密使曹利用商量對策。次日天亮，曹利用即進宮入奏趙恆。周懷政正欲部署起事，突然闖進一隊衛士，將他逮捕，與此同時，周懷政的同謀者也一一被抓。丁謂借此大興冤獄，排除異己，寇準幸得李迪從中保護，僅誅殺周懷政一人了事。但丁、曹並未放手，欲置寇準死地，便把偽造天書之事揭發出來，寇準因獻「天書」遭貶，初貶為相州知州。丁謂之流仍不甘心，擅改旨意，將寇準遠徙為道州（今湖南道縣）司馬。寇準終於被這場政治漩渦所吞沒，竟成了政治的殉道者。

五、高風亮節，枯竹生筍

從榮登相位到此次罷相，寇準的政治生涯坎坷多變，屢遭奸佞小人排擠、打擊，幾起幾落，始終處於政治漩渦的中心地帶。寇準雖胸有治國良策，但也無奈官場的鬥爭，可以說，大部分時間是與奸臣小人進行較量，難以實現他匡扶大宋的雄心大志。何況，封建社會的大臣是皇帝的附屬物和奴僕，他們所起的作用大小，在很大程度上取決於皇帝是否「英明」。不管皇帝是好是壞，是「明主」還是「昏君」，都要求大臣對皇帝的「愚忠」。雖貴為宰相，如果得不到皇帝的支持，也會一無所為。真宗非「明主」，寇準在這樣一位皇帝的手下做事，那就可想而知了。

官場險惡多變，曾經改變了多少人的正直之性。但在這個官場的大染缸裡，寇準始終如一，能夠秉公執法，潔身自好，其品格德行受到了廣大人民的稱讚。正因為此，在寇準啟程赴道州貶所的途中，雖然風險重重，殺機四伏，終能遇難呈祥，逢凶化吉，平安地到達了荒遠的道州。

雖是偏僻貶斥之地，寇準並不因此懈怠，每天清晨早起，身著朝服升堂理政，公務之餘，還專門造了一座藏書樓，置放經、史、佛、道等書，每遇閒暇，便手不釋卷，仔細研讀，十分投入。觀其所為，似是遠離官場爭鬥中心、心境自然淡泊的文人政客。其實不然，寇準的心潮無時無刻不在洶湧迴蕩，他的一腔熱血始終在沸騰著，正是「居廟堂之高，則憂其民；處江湖之遠，則憂其君」的真實寫照。此時的寇準，依然懷著憂國憂民的政治情懷，經常獨自翹首北望，嚮往日後再次秉政，施展自己的才學與抱負。有詩為證：

蕭蕭疏葉下長亭，雲澹秋空一雁經。
惟有北人偏悵望，孤城獨上倚樓聽。

這是寇準在道州所寫的《春陵聞雁》七言詩。在雲淡秋高的時節，蕭蕭疏葉只有簌簌墜落一途，北歸宏願充其量只能成為憧憬和夢想，揮斥朝堂也只能是對往事的回味而已。

乾興元年（西元一〇二二年）二月，宋真宗病危。這時丁謂更加專權，凡不阿附自己的人，即一概指斥為「寇黨」，輕者貶官，重者流放。引用私黨錢惟演為樞密副使，又欲對馮拯等人加官晉爵，專橫跋扈。宰相李迪看不過，與其爭執於朝堂，官司打到趙恆面前，趙恆周圍都是錢惟演、曹利用等人。結果，李迪被罷相，出知鄆州（今山東東平），再貶寇準為雷州（今廣東海康）司戶參軍。朝政為丁謂、曹利用等人把持，「朝中正人為之一空」。這時趙恆的病也日漸危重，不僅喜怒無常，且更健忘，語言錯亂，不知寇準月內三黜，還問左右：「為什麼我久不見寇準？」左右懾於丁謂權勢，都不敢應答。

丁謂等人不擇手段陷害、打擊忠良，就連他們的同黨也頗覺不忍。但丁謂等人並未就此罷手，要將寇準置之死地而後快，想出一條毒計，在傳達劉皇后懿旨時，故意在中使（太監）馬前懸一錦囊，內插一把寶劍，並有意將劍穗飄灑在外，以示將行誅戮。中使來到道州，寇準正與郡中僚屬在府內聚飲，眾人一見殺氣騰騰的來者，十分惶恐，唯有寇準神態自若，不慌不忙地對中使說：「朝廷若賜寇準死，我當親看聖旨。」中使見計謀不成，只得如實宣旨：敕貶寇準為雷州司戶參軍。寇準異常鎮定叩拜完畢，然後繼續宴飲，直至日暮才罷。

次日，寇準打點行裝，再赴雷州貶所。年逾花甲的寇準在一月之內三次被黜，真是感慨萬分。

身處偏僻荒遠的異鄉，遠離了政治喧囂的中心，加重了他對往昔的深深回憶，一首《感興》詩，道出了他的心聲：

惜昔金門初射策，一日聲華喧九陌。
少年得志出風塵，自為青雲無所隔。
主上掄才登桂堂，神京進秩奔殊方。
墨授銅章竟何用，巴雲瘴雨徒荒涼。
有時扼腕生憂端，儒書讀盡猶飢寒。
丈夫意氣到如此，搔首空歌行路難。

回想昔日金榜題名，躊躇滿志，更加重了如今舉目蒼涼的氣氛，他的激憤越來越高昂，禁不住要大聲控訴宦途的艱難及險惡。

朝堂之上忠奸不辨古來有之，但人民卻能公正評說是非曲直。丁謂等人排擠走一班清正大臣後，又將寇準遠流於絕地，之後便橫行不法，為所欲為，把朝政搞得烏煙瘴氣。京師官民十分痛恨這幫奸邪小人，懷念寇準，編了幾句順口溜：「欲得天下寧，當拔眼中釘；欲得天下好，莫如召寇老。」「釘」為丁謂之姓的諧音，寇老，即對寇準的尊稱。

專權跋扈的絕對沒有好下場。寇準再貶雷州不到半年，丁謂也獲罪被貶至崖州（今海南島）司戶參軍。丁謂到崖州貶所，必經雷州。寇準家僮聞訊，欲殺此賊。寇準不願以私仇壞國法，竭力勸阻。丁謂察知這般情況，倉惶就道。

宋仁宗天聖元年（西元一〇二三年），寇準憂病交加，病在了雷州貶所。此時的寇準雖然品格、情操依舊，心卻是澈底冷了，對宋廷澈底絕望了。當年九月，寇準終於走完了荊棘叢生、坎坷多變的人生之路，享年六十三歲。寇準病逝後，其妻宋氏請求歸葬西京洛陽，仁宗准奏。

寇準的靈車北歸，取道公安（今湖北公安）等縣。沿途官民設祭哭拜，路旁插滿了竹枝，其上懸掛祭品。一月之後，枯竹竟然發芽。人們紛紛議論，這是寇公的高風亮節感化所至。因此，人們爭相修祠立廟，年年歲歲祭奠英靈。他的精神依然在延續著。

寇準謝世十一年，即明道二年（西元一〇三三年），宋仁宗恢復寇準「太子太傅」、「萊國公」官爵，贈官中書令，謚號「忠民」。

寇準是一位功業卓著的政治謀略家，雖然是一個悲劇性的人物，但他的品格與精神及辦事果敢的作風將永垂青史。

本文主要資料來源：《宋史》卷二八一，〈寇準傳〉；卷四，〈宋太宗本紀〉；卷六，〈宋真宗本紀〉。

天下麒麟榜：那些年的那些謀士們3
（兩晉・大唐・兩宋篇）

作　　者　晁中辰

發 行 人　林敬彬
主　　編　楊安瑜
副 主 編　黃谷光
助理編輯　杜耘希
內頁編排　詹雅卉（帛格有限公司）
封面設計　陳膺正（膺正設計工作室）
編輯協力　陳于雯、曾國堯

出　　版　大旗出版社
發　　行　大都會文化事業有限公司
11051台北市信義區基隆路一段432號4樓之9
讀者服務專線：(02)27235216
讀者服務傳真：(02)27235220
電子郵件信箱：metro@ms21.hinet.net
網　　址：www.metrobook.com.tw

郵政劃撥　14050529 大都會文化事業有限公司
出版日期　2017年01月初版一刷
定　　價　280元
I S B N　978-986-93450-9-5
書　　號　History-83

◎本書由遼寧人民出版社授權繁體字版之出版發行。
◎本書如有缺頁、破損、裝訂錯誤，請寄回本公司更換。

Cover Photography: iStock / 84867093

大旗出版 BANNER PUBLISHING
大都會文化

國家圖書館出版品預行編目（CIP）資料

天下麒麟榜：那些年的那些謀士們（兩晉・大唐・兩宋篇）/晁中辰主編. -- 初版. -- 臺北市：大旗出版，大都會文化，2017.01
240面；17×23公分
ISBN 978-986-93450-9-5（平裝）

1.傳記 2.中國

782.21　　105020895

《天下麒麟榜：那些年的那些謀士們》（商周・春秋・戰國篇）

■ 作者：晁中辰

■ 定價：280 元

■ ISBN：978-986-93450-6-4

垂釣渭濱的姜太公，釣起周朝半壁江山；

制禮作樂的周公旦，定下歷代千載文化。

萬世山河，在各朝遞嬗間易主無數，遼闊社稷故然非一人能獨力治理，帝王身邊往往伴隨得力謀臣，方能令霸業終成，得以千秋長存。

在君王渴望一統天下、民間希冀盛世太平的時代背景下，只要能得一麒麟才、獲一方謀略，便能使江山風雲變色，萬里疆域於圖紙上一筆割劃。

蘊藏智慧的謀士名將們，其刻寫在歷史上的豐功偉業，流傳至今仍值得當代作為借鏡。哪個棋高一著，誰是人中之龍，在各人心中必定自有序次。躍然於紙上的智謀對決，在字裡行間，帶領讀者穿梭千古對峙時刻。

《天下麒麟榜：那些年的那些謀士們 2》（大秦・兩漢・三國篇）

- 作者：晁中辰
- 定價：280 元
- ISBN：978-986-93450-7-1

丞相李斯智併六國，始皇開創千古一帝；

留侯張良運籌楚漢，輔成高祖天下霸業。

古有名言：「創業維艱，守成亦難。」戰國時期局勢動盪，烽火連天，最終江山歸於大秦，豈知始皇後繼無人，眾將再度擁兵而起，天下轉眼間又陷入攻城掠地之中。

亂世之下誰能隨主開疆闢土？誰又能獻策協助君王一統江山？王朝之下誰又能輔佐帝王治理國家？

隨時間推移，歷史於此另闢謀略戰場，謀臣名將們跨越百家思想之屏障，綜合成嶄新的策略，各將其主推向更加輝煌的霸業巔峰。逐漸崛起的功利思想，會為這段歷史染上什麼樣的色彩？讓我們就從這些謀士們的一生見分曉。

98-04-43-04

郵政劃撥儲金存款單

收款帳號：1 4 0 5 0 5 2 9

金額 新台幣（小寫）	億	仟萬	佰萬	拾萬	萬	仟	佰	拾	元

收款戶名：大都會文化事業有限公司

寄款人　□他人存款　□本戶存款

姓名	
地址	□□□－□□
電話	

主管：

經辦局收款戳

虛線內備供機器印錄用請勿填寫

通訊欄（限與本次存款有關事項）

我要購買以下書籍

書名	單價	數量	合計

購書金額未滿600元，另加收60元國內掛號郵資或貨運專送運費。

總計數量及金額：共＿＿＿本，合計＿＿＿＿＿＿元

◎寄款人請注意背面說明

◎本收據由電腦印錄請勿填寫

郵政劃撥儲金存款收據

收款帳號戶名

存款金額

電腦紀錄

經辦局收款戳

郵政劃撥存款收據注意事項

一、本收據請妥為保管，以便日後查考。

二、如欲查詢存款入帳詳情時，請檢附本收據及已填妥之查詢函向任一郵局辦理

三、本收據各項金額、數字係機器印製，如非機器列印或經塗改或無收款郵局收訖章者無效。

大都會文化、大旗出版社讀者請注意

一、帳號、戶名及寄款人姓名地址各欄請詳細填明，以免誤寄；抵付票據之存款，務請於交換前一天存入。

二、本存款單金額之幣別為新台幣，每筆存款至少須在新台幣十五元以上，且限填至元位為止。

三、倘金額塗改時請更換存款單重新填寫。

四、本存款單不得黏貼或附寄任何文件。

五、本存款金額業經電腦登帳後，不得申請撤回。

六、本存款單備供電腦影像處理，請以正楷工整書寫並請勿摺疊。帳戶如需自印存款單，各欄文字及規格必須與本單完全相符；如有不符，各局應婉請寄款人更換郵局印製之存款單填寫，以利處理。

七、本存款單帳號與金額欄請以阿拉伯數字書寫。

八、帳戶本人在「付款局」所在直轄市或縣(市)以外之行政區域存款，需由帳戶內扣收手續費。

如果您在存款上有任何問題，歡迎您來電洽詢

讀者服務專線：(02)2723-5216(代表線)

為您服務時間：09：00～18：00(週一至週五)

大都會文化事業有限公司　　讀者服務部

交易代號：0501、0502 現金存款　0503票據存款　2212 劃撥票據託收

大都會文化　讀者服務卡

書名：**天下麒麟榜：那些年的那些謀士們3（兩晉．大唐．兩宋篇）**

謝謝您選擇了這本書！期待您的支持與建議，讓我們能有更多聯繫與互動的機會。

A. 您在何時購得本書：______年______月______日

B. 您在何處購得本書：____________書店，位於____________(市、縣)

C. 您從哪裡得知本書的消息：

1.□書店　2.□報章雜誌　3.□電台活動　4.□網路資訊

5.□書籤宣傳品等　6.□親友介紹　7.□書評　8.□其他

D. 您購買本書的動機：（可複選）

1.□對主題或內容感興趣　2.□工作需要　3.□生活需要

4.□自我進修　5.□內容為流行熱門話題　6.□其他

E. 您最喜歡本書的：（可複選）

1.□內容題材　2.□字體大小　3.□翻譯文筆　4.□封面　5.□編排方式　6.□其他

F. 您認為本書的封面：1.□非常出色　2.□普通　3.□毫不起眼　4.□其他

G. 您認為本書的編排：1.□非常出色　2.□普通　3.□毫不起眼　4.□其他

H. 您通常以哪些方式購書：(可複選)

1.□逛書店　2.□書展　3.□劃撥郵購　4.□團體訂購　5.□網路購書　6.□其他

I. 您希望我們出版哪類書籍：（可複選）

1.□旅遊　2.□流行文化　3.□生活休閒　4.□美容保養　5.□散文小品

6.□科學新知　7.□藝術音樂　8.□致富理財　9.□工商企管　10.□科幻推理

11.□史地類　12.□勵志傳記　13.□電影小說　14.□語言學習（_____語）

15.□幽默諧趣　16.□其他

J. 您對本書(系)的建議：

K. 您對本出版社的建議：

讀者小檔案

姓名：______________ 性別：□男　□女　生日：____年____月____日

年齡：□20歲以下 □21～30歲 □31～40歲 □41～50歲 □51歲以上

職業：1.□學生 2.□軍公教 3.□大眾傳播 4.□服務業 5.□金融業 6.□製造業

7.□資訊業 8.□自由業 9.□家管 10.□退休 11.□其他

學歷：□國小或以下 □國中 □高中／高職 □大學／大專 □研究所以上

通訊地址：________________________________

電話：（H）______________（O）______________ 傳真：______________

行動電話：______________ E-Mail：______________

◎謝謝您購買本書，歡迎您上大都會文化網站（www.metrobook.com.tw）登錄會員，或至Facebook（www.facebook.com/metrobook2）為我們按個讚，您將不定期收到最新的圖書訊息與電子報。

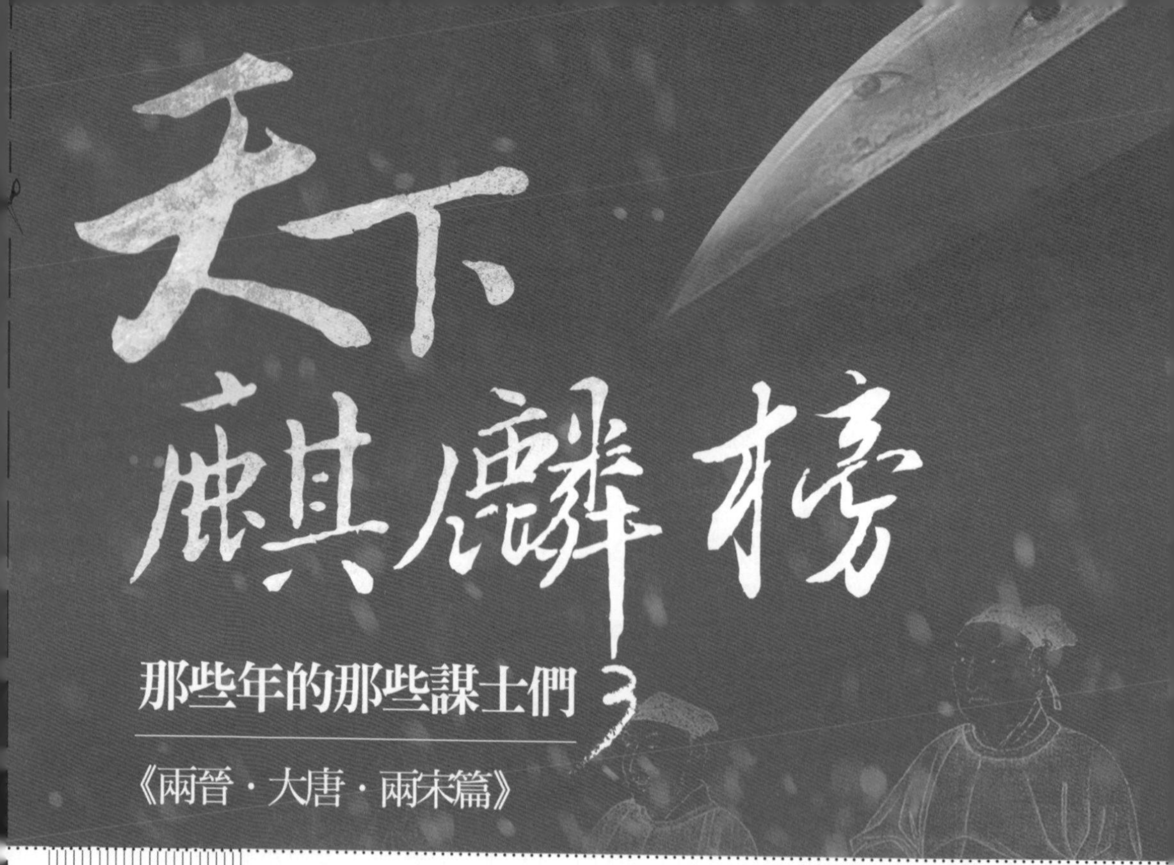

北區郵政管理局
登記證北台字第9125號
免貼郵票

大都會文化事業有限公司

讀者服務部　　收

11051台北市基隆路一段432號4樓之9

寄回這張服務卡〔免貼郵票〕
您可以：
◎不定期收到最新出版訊息
◎參加各項回饋優惠活動

大旗出版
BANNER PUBLISHING

大旗出版
BANNER PUBLISHING

大旗出版
BANNER PUBLISHING

大旗出版
BANNER PUBLISHING